Marion Odile Grübel

# RAUHNÄCHTE
## und die Blume des Lebens

Ein lichtvolles Symbol zur Entfaltung
deiner Wünsche und Visionen

Schirner
Verlag

Wir verzichten auf das Einschweißen unserer Bücher – **UNSERER UMWELT ZULIEBE!**

ISBN Printausgabe 978-3-8434-1550-7
ISBN E-Book 978-3-8434-6524-3

Marion Odile Grübel:
Rauhnächte und
die Blume des Lebens –
Ein lichtvolles Symbol zur Entfaltung
deiner Wünsche und Visionen
© 2023 Schirner Verlag, Darmstadt

Umschlag: Anna-Katharina Berg &
Hülya Sözer, Schirner, unter
Verwendung von # 1025221240
(©Thammanoon Khamchalee),
#796371259 (©Veronika By) und
# 1167978190 (© ALEX_UGALEK),
www.shutterstock.com
Layout: Anna-Katharina Berg &
Hülya Sözer, Schirner
Lektorat: Kerstin Noack-Zakel, Schirner
Printed by: Ren Medien GmbH, Germany

www.schirner.com

1. Auflage Oktober 2023

*Ich widme dieses Buch all jenen, die bereit sind,
neue Kreise zu schöpfen – wissend, dass sie in den ewigen,
lebendigen, verbindenden göttlichen Schöpfungsraum
eingebettet sind.*

# INHALT

Rauhnachtzeit ist Schöpferzeit!. . . . . . . . . . . . . . . . . . . . . . . . . . . . 8

Die Rauhnächte. . . . . . . . . . . . . . . . . . . . . . . . . . . . . . . . . . . . . . . . 10

    Exkurs: Frau Holle − Schutzpatronin der Rauhnächte. . . . . . . . . . . . . . . . . . . . . 12

    Die 13. Rauhnacht − 13 Kreise zur Entfaltung der Blume des Lebens . . . . . . . . 14

Die Heilige Geometrie . . . . . . . . . . . . . . . . . . . . . . . . . . . . . . . . . . . . 17

    Der Kreis − der heilige Schöpfungsraum − aus einem wird vieles . . . . . . . . . . 17

    Der Same des Lebens − die erste vollendete Schöpfung . . . . . . . . . . . . . . . . . 19

    Die Blume des Lebens − das Symbol der Entfaltung . . . . . . . . . . . . . . . . . . . . 20

    Die Frucht des Lebens − das Geheimnis der grenzenlosen Fülle . . . . . . . . . . . . 22

Vorbereitung auf die Rauhnächte mit der Blume des Lebens . . . . . . . . 25

    Dankbarkeit als Schöpfungsfundament. . . . . . . . . . . . . . . . . . . . . . . . . . . . . 27

Durch die R A U H N Ä C H T E mit
der Blume des Lebens . . . . . . . . . . . . . . . . . . . . . . . . . . . . . . . . . . . 29

Einstimmung: 21.12. − Wintersonnenwende . . . . . . . . . . . . . . . . . . . . . . . 30

1. RAUHNACHT − 1. Schöpfungskreis: 24.12. / 25.12.
Tritt ein, und fülle deinen Schöpfungskreis aus! . . . . . . . . . . . . . . . . . . . . . 32

2. RAUHNACHT − 2. Schöpfungskreis: 25.12. / 26.12.
Gleiche deine Anteile in dir aus.. . . . . . . . . . . . . . . . . . . . . . . . . . . . . . . . 38

3. RAUHNACHT − 3. Schöpfungskreis: 26.12. / 27.12.
Lasse die Trinität sich in dir entfalten. . . . . . . . . . . . . . . . . . . . . . . . . . . . 46

**4. RAUHNACHT – 4. Schöpfungskreis: 27.12. / 28.12.**
Erzeuge Stabilität in dir. . . . . . . . . . . . . . . . . . . . . . . . . . . . . . 56

**5. RAUHNACHT – 5. Schöpfungskreis: 28.12. / 29.12.**
Öffne dich für deine Schöpferkraft! . . . . . . . . . . . . . . . . . . . . 62

**6. RAUHNACHT – 6. Schöpfungskreis: 29.12. / 30.12.**
Folge deiner Visionskraft! . . . . . . . . . . . . . . . . . . . . . . . . . . . 70

**7. RAUHNACHT – 7. Schöpfungskreis: 30.12. / 31.12.**
Das erste Schöpfungsmuster ist vollendet. . . . . . . . . . . . . . . . 76

**8. RAUHNACHT – 8. Schöpfungskreis: 31.12. / 1.1.**
Die nächste Dimension entfaltet sich. . . . . . . . . . . . . . . . . . . 82

**9. RAUHNACHT – 9. Schöpfungskreis: 1.1. / 2.1.**
Schließe wahrhaft ab! . . . . . . . . . . . . . . . . . . . . . . . . . . . . . . 88

**10. RAUHNACHT – 10. Schöpfungskreis: 2.1. / 3.1.**
Tauche in deine Schöpfung ein. . . . . . . . . . . . . . . . . . . . . . . . 94

**11. RAUHNACHT – 11. Schöpfungskreis: 3.1. / 4.1.**
Meistere dich selbst! . . . . . . . . . . . . . . . . . . . . . . . . . . . . . . .100

**12. RAUHNACHT – 12. Schöpfungskreis: 4.1. / 5.1.**
Sei Liebe! . . . . . . . . . . . . . . . . . . . . . . . . . . . . . . . . . . . . . . .106

**13. RAUHNACHT – 13. Schöpfungskreis: 5.1. / 6.1.**
Schwinge im unendlichen Schöpfungsraum! . . . . . . . . . . . . . 112

Nachwort . . . . . . . . . . . . . . . . . . . . . . . . . . . . . . . . . . . . . . .120

Dank . . . . . . . . . . . . . . . . . . . . . . . . . . . . . . . . . . . . . . . . . .122

Über die Autorin . . . . . . . . . . . . . . . . . . . . . . . . . . . . . . . . .124

Bildnachweis . . . . . . . . . . . . . . . . . . . . . . . . . . . . . . . . . . . .128

# Rauhnachtzeit ist
# SCHÖPFERZEIT!

Voll tiefer Dankbarkeit und Liebe dem Leben und der Schöpfung selbst gegenüber grüße ich dich und lade dich von Herzen ein, mit mir gemeinsam auf die Reise durch die Rauhnächte zu gehen. Während ich diese Zeilen schreibe, weiß ich mich eingebettet in diese besondere magische Zeit, die uns allen neue Kreise eröffnet – Kreise von Menschen, die sich über den göttlichen Schöpfungsraum verbunden fühlen, und Schöpfungsräume, durch die wir unser Schicksal neu gestalten, unserem Leben eine andere Richtung geben und unsere Wünsche und Visionen in die Welt bringen können. Das Leben verläuft in Zyklen, wir verlassen alte Kreise und gehen in neue hinein. In den Rauhnächten ist der Torweg in diese Lebenskreise weit geöffnet. Ob wir die Öffnung als Geschenk annehmen und wie wir die Kreise füllen, liegt einzig und allein an uns.

Ein Kreis ist erst einmal etwas in sich Geschlossenes, gar etwas Abgeschlossenes. Um ihn zu öffnen, bedarf es einer innerlichen Ausrichtung. Wir müssen über unsere Begrenzungen hinausgehen, um wahrhaft schöpfen zu können. Ich selbst liebe es, Kreise zu erschließen und auszudehnen und auch ein Teil davon zu sein. Kreise, die sich berühren, verbinden, Neues kreieren und sich wieder freigeben. Die Blume des Lebens, das lebendige Schöpfungsmuster, besteht aus Kreisen und ist das lichtvolle Symbol dieses Prozesses. Durch sie sind wir mit dem göttlichen Zentrum und zugleich mit unserem spirituellen Herzen verbunden. Jeder ihrer Kreise besitzt unbegrenztes Potenzial. Mit ihnen öffnen wir in den Rauhnächten Schritt für Schritt, Nacht für Nacht, lichtvolle Räume, in denen sich unsere Wünsche und Visionen für das neue Jahr entfalten können.

Auf eine bewusste Schöpfungsreise mit der Blume des Lebens können wir uns natürlich auch unabhängig von den Rauhnächten begeben. Doch die »dunkle Jahreszeit« eignet sich besonders gut dafür. Wenn das Licht sich zurückzieht, gehe mit. In dieser Zeit passiert das Wesentliche: Der Tiefstand der Sonne am 21. bzw. 22. Dezember markiert das kraftvolle weibliche Portal – die Zeit der Mutternacht. Jetzt wird das Licht neu geboren. In der dunkelsten Nacht wird das Licht des neuen Morgens empfangen und im Schoß der Großen Mutter gewiegt, bis es am 24. Dezember sichtbar wird. Hier beginnt unsere Reise durch die Rauhnächte mit der Blume des Lebens.

**Ich wünsche dir eine wundervolle, erkenntnisreiche Zeit!**

Alles Liebe

*Marion Odile*

# Die RAUHNÄCHTE

Die Nächte zwischen Heiligabend (vom 24. auf den 25. Dezember) und dem Dreikönigstag (am 6. Januar) sind die sogenannten 12 heiligen Nächte und werden je nach Region auch als »Rau(h)nächte«, »Rauchnächte«, »Glöckelnächte«, »Innernächte« bzw. »Unternächte« bezeichnet. Die Anzahl und der Beginn der Rauhnächte ist ebenfalls regional unterschiedlich. Ich persönlich stimme mich sehr gern in der Thomasnacht vom 21. auf den 22. Dezember auf die Rauhnächte ein. Die längste Nacht und der kürzeste Tag des Jahres sind als Gedenktag dem Jünger Thomas gewidmet. Thomas hatte nicht an die Auferstehung Christi glauben wollen, bis dieser ihm erschien und ihn den Finger in seine Wunde legen ließ. Am 21. Dezember wird zudem die Wintersonnenwende gefeiert. Wie Jesus als Christus über den Tod siegte, siegt an diesem Tag das Licht über die Dunkelheit. Es ist die Zeit der Wiedergeburt des Lichts, die uns daran erinnert, dass auch die dunkelste Nacht einmal endet.

Die Tore zur Anderswelt sind in den 12 Rauhnächten weit geöffnet. Wir erhalten Einblick in das Gewebe des Lebens und die kommenden 12 Monate im neuen Jahr. Es ist die Zeit der Wilden Jagd, der Geister, der Ahnen und der sprechenden Tiere, eine Zeit der inneren Einkehr und des Orakelns. Wenn wir diese Tage bewusst begehen, können wir aktiv die Weichen für unsere Zukunft stellen. Die Zeit zwischen den Jahren gilt der Erholung, der Besinnung auf das Innerste und der Rückkehr zum Wesentlichen. Die Menschen nehmen sich Raum füreinander, erzählen sich alte Geschichten, hüten gemeinsam das Feuer und stärken die Gemeinschaft – sie genießen das Miteinander.

Warum gerade 12 Nächte? Die Erklärung liefern die alten Germanen. Nach dem germanischen Kalender wechselten sich Mond- und Sonnenjahr jeweils ab. Das Mondjahr umfasst 354 und das Sonnenjahr 365 Tage. Daraus ergibt sich eine Differenz von elf Tagen oder eben 12 Nächten. Diese gelten als »tote Zeit« oder als »Zeit zwischen den Jahren«. Die Zahl 12 spielt darüber hinaus in vielen Kulturen eine zentrale Rolle – der Tag ist in zwei Mal 12 Stunden eingeteilt, 12 Monate bilden ein Jahr, es gibt 12 Tierkreiszeichen und die 12 Stämme Israels, Jesus hatte 12 Jünger.

# EXKURS: Frau Holle –
# Schutzpatronin der Rauhnächte

In den Gegenden der Alpen entspricht Frau Holle der Wintergöttin Perchta (Berchta), die mit ihrem wilden Heer aus Fruchtbarkeitsgeistern in den Rauhnächten über das Land zieht, um Segen zu bringen und es für das neue Jahr fruchtbar zu machen. Frau Holle selbst kennen wir aus dem beliebten Märchen der Brüder Grimm: eine strenge, aber gerechte Frau, die es gar nicht mag, wenn jemand faul in den Tag hineinlebt. Nutzlosigkeit ist ihr zuwider. Sie bestraft die Untätigen, die fleißigen, achtsamen Menschen hingegen belohnt Frau Holle reichlich. Sie steht auch für Sauberkeit. Daher ist es seit jeher vielen Menschen wichtig, Haus und Hof auf die Rauhnachtzeit entsprechend vorzubereiten. In den sogenannten Sperrnächten (oder Dunkelnächten), den Tagen vor der Wintersonnenwende, wird alles weggesperrt und aufgeräumt, was nun nicht mehr benötigt wird. Haus und Hof werden geputzt, sodass in den Rauhnächten (fast) alle Arbeit wirklich ruhen kann.

Frau Holle ist eine rätselhafte Figur. Darüber, wer wirklich dahintersteckt, wird schon seit Langem geforscht. Einigkeit besteht nur darin, dass sie mit uralten weiblichen Gottheiten in Zusammenhang steht wie der altrömischen Diana, der germanischen Freya sowie der germanischen Hel oder Hulda.

Eines der Mysterien der Frau Holle ist die Verwandlung. Im Märchen springt die Goldmarie in den Brunnen und wacht auf einer blühenden Wiese im Reich der Frau Holle wieder auf. Im ersten Buch Mose gilt der Brunnen als Ort der Liebe, des Trostes, der Verheißung und der Erfüllung sowie als Symbol der Weiblichkeit. Frau Holle beherrscht die Naturgewalten, sie lässt die Blumen im Frühling erblühen und kann über Regen, Schnee und Sturm gebieten. Sie steht für die natürlichen Kreise des Lebens, für das Werden und das Vergehen, weshalb sie dir auf deiner Reise aus alten in neue Schöpfungskreise eine wertvolle Begleiterin sein kann. Lasse dich bei der Lektüre dieses Buches von der Kraft der Muttergöttin Holle führen.

Übrigens: Frau Holle liebt kleine Geschenke, z. B. ein Stückchen vom Kuchen, Gebäck oder ein selbst gebackenes Brot, das wir ihr hinstellen können. Diese kleinen Gesten, davon waren die Menschen fest überzeugt, würden sie gnädig stimmen, woraufhin Frau Holle gern bereit sei, im nächsten Jahr so manchen innigen Wunsch zu erfüllen.

# Die 13. Rauhnacht –
# 13 Kreise zur Entfaltung der
# BLUME DES LEBENS

Wenn du dich schon ein wenig mit Heiliger Geometrie beschäftigt hast, weißt du, dass die Blume des Lebens aus 19 Kreisen besteht, die sich ins Unendliche ausdehnen und erweitern. Die Blume des Lebens ist das Symbol der Schöpfung und ein machtvolles Werkzeug, wenn es darum geht, tiefgreifende Transformations- und Schöpfungsprozesse in Gang zu setzen. Als Grundlage für die Arbeit mit der Blume des Lebens in den Rauhnächten sollen uns 13 Kreise sowie der Same des Lebens und die Frucht des Lebens dienen, die Teil der Lebensblume sind. Aber warum 13 Kreise, wenn es doch 12 Rauhnächte sind?

Im Mondkalender hat das Jahr 13 Monate, in dessen letztem Monat die Sonne mit der Wintersonnenwende »stirbt«. In matriarchalen Kulturen, in denen Zeit als etwas Zyklisches, als Kreislauf von Werden und Vergehen, erlebt wird, ist das nicht problematisch, da die junge Sonne ja am nächsten Tag wiedergeboren wird. In patriarchalen Kulturen hingegen hat sich ein lineares Zeitbewusstsein durchgesetzt, das einen Anfang und ein absolutes Ende kennt. In diesen Gesellschaften wird das konstante Prinzip der Sonne dem des »launischen« Mondes vorgezogen. Der scheinbare Tod des Zentralgestirns Sonne kommt für sie daher einer Katastrophe gleich.

Mit Einführung des Sonnenkalenders wurde die 12 zur heiligen Zahl erkoren und die 13 wie viele heilige Werte alter Kulturen verteufelt. Dies erreichte man am wirksamsten, indem man das ehemals Heilige mit Unglück gleichsetzte. Seither stehen der Mond, die Nacht und die 13 als verdrängte, unbewusste und nicht selten verteufelte weibliche Symbolgruppe der männlichen Trias aus Sonne, Tag und 12 gegenüber.

Jedes Tabu beinhaltet letztlich etwas Heiliges, und deshalb dürfen wir auch hinter dieser geächteten Unglückszahl eine tiefe Bedeutung suchen. Sichtbar wird sie beispielsweise bei den 12 Jüngern Jesu, die wir uns als 12 Speichen eines Rads vorstellen können. Die Nabe ist die 13, der bedeutsame vereinende Punkt im Zentrum, den Christus einnimmt. Wird dieser Punkt wahrgenommen, verstanden und geachtet, hat er Transformationskraft. Jesus wurde zu Christus, um uns die Kraft der Wandlung zu schenken. Wir sind eingeladen, seinem und unserem Auftrag aus dem göttlichen Feld, dem Ruf unserer Seele, zu folgen.

Die 12 symbolisiert die alte Struktur, die wir mit der 13 auflösen, um neue Formen und Verbindungen entstehen zu lassen. Die 13 ist die Zahl der Einweihung und der Schicksalswende. Wir alle wissen, dass sich an einem bestimmten Punkt die festen Strukturen wandeln müssen, um auf die nächsthöhere Ebene zu wechseln. Mit der 13 gelangen wir zu einer neuen vollkommenen Wirklichkeit.

Die heiligen Rauhnächte sind für mich Tage des Erinnerns. Eines Erinnerns an die bedingungslose LIEBE des LICHTS – des CHRISTUS, des KRISTALLS – IN uns allen. Für mich gehört die 13. Rauhnacht, die auch als »Nacht der Wunder« bezeichnet wird, untrennbar dazu.

Die 13. Rauhnacht wurde lange Zeit nicht erwähnt, da man glaubte, wenn man darüber spräche, gingen die Kräfte, die in dieser Nacht still und im Verborgenen wirken, verloren. Dabei gilt die 13. als die heiligste Rauhnacht – die Nacht der Wunder und der Liebe. Die 13 als Zahl der Mystik, der Magie, der Schicksalswende und der Balance drückt dies wundervoll aus. In dieser Nacht ist der goldene Samen gelegt und wird vom Licht gewiegt. Wir wissen tief IN uns: Es ist vollbracht, unser Same wird mit dem 13. Kreis in goldenem Licht aufgehen.

## Bist du bereit, diesen Kreis zu öffnen?

Sei dir bewusst, dass wir in den Rauhnächten viele neue Kreise für unser Leben öffnen können. Dazu ist es jedoch unabdingbar, dass wir alte und überholte Muster in Gedanken, Worten und Handlungen loslassen. Sei ehrlich und liebevoll mit dir selbst, und führe dir voller Ehrfurcht und Anerkennung gegenüber deinem bisherigen Weg dein jetziges Leben vor Augen. Spüre deine Bereitschaft, deinen festen Willen, wirklich etwas verändern zu wollen, um mit der 13 auf eine höhere Ebene in deiner Lebensspirale zu gelangen. Es ist sehr gut möglich, dass du dich von lieb gewordenen Angewohnheiten trennen darfst, um neue Muster zu integrieren, die deinem lichtvollen Ausdruck hier auf Erden einen würdigen Raum geben. Diese Kraft kannst du mit der 13 und der Blume des Lebens in dir aktivieren.

# Die HEILIGE GEOMETRIE

## Der Kreis – der heilige Schöpfungsraum – aus einem wird vieles

Der Kreis ist ein uraltes heiliges, universelles Symbol. In ihm ist alles enthalten. Er steht für den Kosmos und das Universum. Er symbolisiert Unendlichkeit, das Absolute, die Einheit, das Göttliche und markiert den Beginn der Schöpfung. Jeder Kreis ist ein abgeschlossener Schwingungsraum mit unendlichem Potenzial.

Das, was wir Gott nennen oder die Quelle allen Seins, ist der Urheber allen Seins und in allem präsent. Wenn wir dies wahrhaft erkennen, es fühlen und unser Handeln nach diesem Wissen ausrichten, werden wir unsere Erfahrungswelt tief und nachhaltig verändern.

Das ganze Universum ist eine Manifestation des Göttlichen. Die alles gestaltende, belebende und erhaltende geistige Kraft ist in allem, was ist, gegenwärtig. ALLES ist aus der EINEN Kraft – aus sich heraus – hervorgebracht. Das Universum, das Grobstoffliche, das Feinstoffliche und die subtilen feinen Räume dazwischen – ein Kreis, der unendlich viele weitere Kreise erzeugt. Hätte sich das Göttliche, das Eine, wieder daraus zurückgezogen, so wäre das gesamte Universum wieder zerfallen.

Das Lebensprinzip, die Seele der Schöpfung, die Ursache im Innersten von allem – oder wie auch immer du dieses Prinzip benennst – kann nie nicht erschaffen. Die universelle Lebenskraft, die der gesamten Schöpfung zugrunde liegt, breitet sich als beständig strömende Ur-Schwingung, als Ur-Klang aus. Diese Ur-Schwingung hat eine zutiefst belebende Wirkung und überträgt sich auf ALLES, was sie berührt. Die Ur-Materie bietet sich uns ständig an, sie ist die belebende Impulskraft, der Lebensimpuls.

Auch naturwissenschaftliche Forschungen zeigen, dass alles Leben eine fortlaufende Existenz auf verschiedenen Ebenen ist und dass das, was wir »träge Materie« nennen, nichts anderes ist als Energie auf ihrer niedrigsten Stufe.

Es liegt an uns, das Leben und das Licht als belebende Impulskräfte der Seele – der aktiven Lebenskraft – in die Materie zu bringen und in ihrer ganzen Vielfalt an Mustern und Gestaltungsmöglichkeiten lebendig werden zu lassen.

### Bewusst oder unbewusst – wir schöpfen immer.

Wir können die Zeit der Rauhnächte bewusst nutzen, um Lichtsamen für uns und unsere Kreise und damit auch für die Erde zu legen. ALLES, was wir aussenden, beeinflusst unser Feld. Es macht also einen großen Unterschied, ob wir bewusst Impulse des Lichts setzen oder uns unbewusst von angstvollen, nebulösen Gedanken steuern lassen. Die aktive Lebenskraft wirkt IN uns, und wir sind es, die diese Impulse bewusst steuern und nutzen können, um unser Leben auf wundersame Weise zu beeinflussen, Visionen zu entfalten und Wünsche in Übereinstimmung mit dem göttlichen Feld zu erfüllen.

### Was wir säen, ernten wir.

# Der Same des Lebens –
# die erste vollendete Schöpfung

Der Same des Lebens ist der Ursprung von ALLEM. In diesem Symbol ist alles Wunderwirkende enthalten. Sechs Kreise formieren sich um ein Zentrum, verschmelzen miteinander und bilden ein Muster vollkommener Harmonie. Der Same des Lebens ist die Vorstufe zur Blume des Lebens. Er bildet ihren Kern. Er ist ein Symbol für die sieben Tage der Schöpfung: Ein Zyklus ist abgeschlossen, der Bauplan Gottes ist entfaltet.

Die Zahl 6 steht für Visionskraft, durch sie erweitern wir unser Bewusstsein. Dies geschieht nicht auf materieller Ebene. Stattdessen treten wir auf energetischer Ebene direkt mit der Schöpfung in Kontakt. Der Same des Lebens als goldener, göttlicher Same des Lichts strahlt von innen, wenn wir unseren Visionen entsprechend leben und tief IN uns wissen: Die Samen, die gelegt sind, gehen auf. Wir sind eingebunden in den göttlichen Schöpfungsplan.

Die Zahl 7 steht unter anderem für Schutz, Kraft, Frieden und Balance – Qualitäten, die auch im Samen des Lebens zu finden sind. Dieses Symbol kann uns mit unserer ursprünglichen kraftvollen, friedvollen Energie in Kontakt bringen, indem wir lernen, uns selbst, anderen Menschen und der Schöpfung zu vertrauen. Dies geschieht am leichtesten, wenn wir lernen, unserem Leben und allem, was sich darin zeigt, mit einem offenen und reinen Herzen zu begegnen. So wirken wir harmonisierend auf uns selbst und unser Umfeld. Genau daran möchte der Same des Lebens uns erinnern.

# Die Blume des Lebens –
# das Symbol der Entfaltung

Die Blume des Lebens ist eines der wichtigsten Elemente in der Heiligen Geometrie und steht mit der feinstofflichen Grundlage der Schöpfung und der höheren Ordnung in Verbindung. Sie besteht aus 19 Kreisen, 12 Halbkreisen, 6 Drittelkreisen und 18 Sechstelkreisen und ist in den meisten Darstellungen von zwei großen Kreisen umrundet. Ohne diese Begrenzung lässt sie sich ins Unendliche ausdehnen und erweitern.Die Vielzahl an Kreisen, die einander überlappen, bildet ein Blütenmuster aus 90 einzelnen Blütenblättern.

Die Geometrie der Lebensblume steht für die Unendlichkeit des Seins – für die kosmische Ordnung und das immer wiederkehrende Leben, das erblüht und sich erweitert. Durch die Blume des Lebens können wir erkennen und wahrhaftig fühlen, dass wir nicht in der Endlichkeit vergehen, sondern in den unendlichen Raum, ins schöpferische Gestalten zum Wohle des Gesamten eingebettet sind.

>»Die Blume des Lebens ist das lebendige Schöpfungsmuster,
>das Gewebe, die Matrix allen SEINS. Sie ist die morphogenetische
>Struktur der Realität, die universelle Sprache all derer,
>die auf den Grund der Schöpfung blicken und die vollkommene
>Ordnung in allen Dingen entdecken möchten.«
>*Jeanne Ruland*

Mit der Blume des Lebens gelangen wir einerseits in unseren Ursprungszustand zurück und erweitern uns von dort aus andererseits in lichtvoller

Form. Wenn wir die Blume des Lebens in die Unendlichkeit ausdehnen, finden wir uns in einem Quantenfeld wieder:

### Hier ist ALLES vorhanden. Hier ist alles EINS.

Wir dürfen tief in uns forschen und über all die alten Strukturen, Vorstellungen, Gedankenkonstrukte und Wahrnehmungen hinweg die Liebe in uns finden. Die Blume des Lebens offenbart uns das unerschöpfliche Ursprungsfeld – das Paradies IN uns. Durch sie können wir uns für die verschiedenen Welten und Dimensionen öffnen, die sich uns offenbaren, wenn wir uns selbst erlauben, immer tiefer zu unserem Ursprung vorzudringen, und unseren Platz innerhalb des Universums wieder vollkommen einnehmen. Dann entfaltet sich ganz leicht und einfach eine positive, harmonische und strukturgebende Wirkung in unserem SEIN, die unendliche Kreise zieht.

Keine Zeit eignet sich besser als die Rauhnächte, um sich für neue Erfahrungen zu öffnen und alte Muster zu überschreiben. Die Heiligen Nächte zwischen den Jahren stehen für Einkehr, innere Ruhe und schenken dir die Möglichkeit, dein Leben mit bewusst geschöpften Kreisen – dem Grundmuster des Paradieses IN dir – neu auszurichten. Du kannst sie nutzen, dich tiefer mit dir zu verbinden, und diese Energie sich immer weiter in dir ausdehnen lassen. Hier bist du aktiver Mitschöpfer, aktive Mitschöpferin.

# Die Frucht des Lebens –
## das Geheimnis der grenzenlosen Fülle

Die Blume des Lebens enthält ein geheimnisvolles Symbol aus 13 Kreisen: die Frucht des Lebens, die Drunvalo Melchizedek auch als das »heiligste aller heiligen« Symbole bezeichnet. Dieses Muster enthält 13 informierende Systeme, und jedes davon steht für einen Aspekt der Wirklichkeit. Durch sie erhalten wir Zugang zu ALLEM – von unserem physischen Sein (unserem Körper) bis hin zu den Galaxien. Die Frucht des Lebens ist das Muster der Fülle und verdeutlicht, dass wir viel mehr sind als unser materieller Körper. In einem endlichen Raum ergeben sich unendlich viele Möglichkeiten.

Die Zahl 13 ist ein Schlüssel zur Einheit und bildet den Übergang zwischen den Welten. Mit ihr verlassen wir alte, gewohnte Strukturen und begeben uns in höhere Dimensionen. Die 13 wird auch als »Alpha und Omega« bezeichnet – sie stellt den Beginn und das Ende eines Evolutionszyklus dar. Hier beginnt die »Höhere Harmonie« zu wirken. Unser Bewusstsein kann sich unendlich ausdehnen und schwingt sich in die nächsthöhere Dimension ein.

Die Grundform der Blume des Lebens ist der Kreis, und in jeden Kreis passen sieben kleinere identische Kreise. Sechs Kreise formieren sich um ein Zentrum. Dies ist ein universelles Prinzip. Kommen sechs weitere

Kreise hinzu, erhalten wir die Frucht des Lebens – 13 Kreise, die in eine höhere Entwicklung streben.

Solange wir in uns kein emotionales Gleichgewicht hergestellt haben, gelangen wir auf unserem Lebenspfad nur bis an einen bestimmten Punkt. An diesem geht es nicht weiter. Um ihn zu überwinden, dürfen wir lernen, uns auszudehnen wie die Frucht des Lebens, deren äußere Kreise über die der Blume des Lebens hinausragen. Daran möchte uns die Frucht des Lebens erinnern. Ohne Liebe, Mitgefühl und einen heilen Emotionalkörper wird der Geist sich selbst einreden, dass alles bestens sei. Ganz leicht können wir der Täuschung erliegen, bereits auf dem idealen Pfad zu wandeln. Wir dürfen lernen, uns immer weiter auszudehnen, und unsere Vorstellungen davon, wie Vollendung auszusehen hat, ablegen.

Doch es gibt noch eine Möglichkeit, die Magie der Frucht des Lebens zu erschaffen – und zwar, ohne über den äußersten Kreis der Blume des Lebens hinauszugehen. Dies geschieht, wenn wir den Radius des innersten Kreises halbieren und einen neuen Kreis entstehen lassen. Entsprechend dem Wachstumsmuster, dem universellen Prinzip der sechs Kreise um ein Zentrum, werden sechs Kreise um den neuen inneren Kreis herum sichtbar und dann sechs weitere Kreise, die sich jeweils im Zentrum der äußeren Kreise formieren.

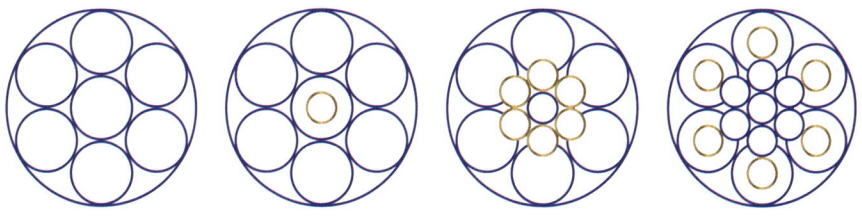

Es zeigt sich in diesem Prinzip, dass die Innwendung direkt zur Frucht des Lebens führt. Und dafür eignet sich keine Zeit besser als die Rauhnächte. Dies ist die Zeit, in der wir nach INNEN gehen und erforschen, was uns noch daran hindert, neue Kreise zu erschließen und in unsere eigene Ausdehnung hineinzuwachsen.

Gehen wir noch einen Schritt weiter und verbinden die Mittelpunkte der Kreise der Frucht des Lebens (weiblich) durch Linien (männlich) miteinander, ergibt sich Metatrons Würfel. In ihm zeigt sich, wie sich nach und nach ALLES zusammenfügt: Die platonischen Körper sind Teile des Würfels des Metatron, dieser wiederum ist mit der Frucht des Lebens verbunden, und auch die Merkaba ist in ihm erkennbar. All diese und weitere Formen sind in der Blume des Lebens enthalten. Durch sie können wir uns mit unserem Lichtkörper verbinden, ihn wahrhaft entfalten und auf diese Weise in Einklang mit der Schöpfung kommen. Und so ist es kein Wunder, dass dieses magische Symbol uns so tief im Herzen berührt und immer tiefer ins Bewusstsein der Menschen rückt.

# Vorbereitung auf die RAUHNÄCHTE mit der Blume des Lebens

Überlege, wie und mit wem du die Rauhnächte begehen möchtest: allein oder in der Gruppe, mit deinen Kindern oder Enkelkindern, mit der gesamten Familie, mit Freunden.

Schaffe dir einen besonderen Raum oder Platz für deine Schöpfungsreise. Gestalte dir z. B. einen kleinen Rauhnachtaltar mit einer schönen Kerze, einem ätherischen Öl, einer Räuchermischung, Blumen und allem, woran du Freude hast. Stelle auch ein Bild der Blume des Lebens dazu, und lege ein Notizbuch bereit.

Wir werden in den Rauhnächten 13 Schöpfungskreise legen. Wähle dafür einen Ort, an dem du die Kreise liegen lassen kannst. Das kann ein besonderer Platz in deinem Zuhause oder in der Natur sein. Ganz so, wie es sich für dich gut anfühlt. Überlege, aus welchen Materialien du deine Kreise legen möchtest. Sei kreativ. Wie du deine Kreise gestaltest, ist dir überlassen. Es eignen sich z. B.: Tücher, Bänder, Leis (Blumenketten), Kristalle (Trommelsteine), Weidenzweige, Hölzer, Muscheln, Steine, Murmeln oder was immer dich inspiriert. Achte lediglich darauf, so viel Material zum Gestalten vorrätig zu haben, dass du die Kreise so groß legen kannst, dass du dich später ohne Probleme und bequem in sie hineinstellen oder -setzen kannst. Stelle dazu gern einen Stuhl oder lege ein Sitzkissen bereit. Wenn du die Rauhnächte gemeinsam mit anderen Personen begehst, beziehe sie in die Planung mit ein.

Wenn du keine Lust hast, Kreise zu legen oder zu binden, dann nimm dir Stifte und einen Malblock, lege großflächig Papier aus, und male die Kreise auf. Oder verwende Kreide, mit der du draußen malen kannst. Gestalte die Kreise z. B. als Mandalas. Lasse deiner Kreativität freien Lauf, und gib deiner Seele Raum, zu erschaffen und zu gestalten. Allein dieser schöpferische Prozess schafft Raum für Neues.

Ich empfehle dir von Herzen, die Bilder und Erkenntnisse deines Prozesses zu notieren und sie mit anderen zu teilen, wenn du dies möchtest. Das ist eine wunderschöne Erfahrung. Gleich, wie und mit wem du die Rauhnächte begehst, ich wünsche dir einen zauberhaften Schöpfungsprozess. Möge der Segen für dich reichlich fließen.

# Dankbarkeit als Schöpfungsfundament

Weihnachten ist traditionell die Zeit der Dankbarkeit. Wir verbringen das Fest mit unseren Lieben, mit der Familie und rufen uns in Erinnerung, wie gut wir es haben und wie viel es gibt, wofür wir dankbar sein können. Doch Grund dazu, dankbar zu sein und diese Dankbarkeit zu zeigen, gibt es immer. Wer dankbar ist, schafft Raum für Neues. Ein tägliches Dankbarkeitsritual hat eine unglaublich positive Wirkung auf das Selbst. Durch Dankbarkeit heben wir unser Energieniveau ganz automatisch an.

**DANKBARKEIT ist das wohl tragfähigste Schöpfungsfundament.**

Mache es dir daher zur Gewohnheit, jeden Morgen in tiefer Dankbarkeit in den Tag zu starten und am Abend für alles Erlebte zu danken. Gewöhne dir an, dein Danke laut auszusprechen. Schön ist es, dies im Kreis der Liebsten zu praktizieren.

Hier ein paar Ideen, wie du deiner Dankbarkeit für liebe Menschen in deinem Leben mit Worten Ausdruck verleihen kannst:

- »Du bist ein wundervoller Mann/eine wundervolle Frau. Danke, dass du an meiner Seite bist.«
- »Danke für dein Sein.«
- »Danke für dein offenes Ohr.«
- »Danke für deine Zeit.«

Da alles mit allem verbunden ist, ziehen wir durch echte gefühlte Dankbarkeit mehr davon in unser Leben. Alles ist Schwingung, alles ist Resonanz. Auf dem Nährboden von Dankbarkeit gedeiht und wächst unser Feld organisch. Wenn du dein Leben auf ihr aufbaust, beginnst du, tiefer zu verstehen: »Ich bin wichtig für die Schöpfung, für das Leben, für Gott selbst, und es liegt an mir, dieses Leben als Geschenk anzunehmen.«

Dankbarkeit lehrt dich Respekt vor dem Leben und der Natur. Dadurch wählst du deine Schritte mit Bedacht und kannst im absoluten Bewusstsein in dein neues Leben gehen. Dankbarkeit ist ein Schlüssel dazu.

Mache dir immer wieder bewusst: Jedes Mal, wenn du etwas IN dir heilst, wenn du eine Energie IN dir aktivierst, und jedes Mal, wenn du ein Portal durchschreitest, hebst du nicht nur deine Energie an, du überträgst sie auch auf dein gesamtes Umfeld. Du erzeugst eine Wohlfühlenergie IN dir, zu der das Füllebewusstsein, die Liebe und der Frieden wie magnetisch fließen.

Erlaube dir, deine innere Schöpfungsreise kraftvoll zu starten und voller Experimentierfreude dranzubleiben. Nutze dazu, wenn du möchtest, ganz bewusst die Phase vor dem Einschlafen: Schalte alle Lichter, dein Smartphone und den Fernseher aus. Aus der Schlafforschung wissen wir, wie wichtig mindestens zehn ruhige Minuten vor dem Einschlafen sind. Wie verbringst du diese? Was denkst du? Was fühlst du? Frage dich am Abend: »Wie stelle ich mir meine perfekte Welt vor?« Lasse Bilder, Gedanken und Gefühle dazu in dir aufsteigen. Wenn du dies täglich tust, lenkst du dein Lebensgefühl bereits in die Richtung deiner Vision.

Um noch tiefer zu gehen, richte folgende Worte laut an dein Höheres Selbst: »Liebes Höheres Selbst, bitte gib mir über Nacht in meinen Träumen oder klarwissend die Informationen, die ich brauche, um mich meiner Vision anzunähern. Bitte lasse mein Unterbewusstsein mit dir wirken. Danke.«

Am nächsten Morgen segne ALLE Wege, Begegnungen und Situationen, die du an diesem Tag gehen, machen und erfahren wirst. Lasse den Segen vorab in alles hineinfließen, und sieh vor deinem inneren Auge bereits den goldenen Tag, der vor dir liegt. Du wirst feststellen, auf diese Weise gestalten sich auch schwierige Situationen wesentlich leichter. Wenn du dieses Ritual in dein Leben integrierst, wirst du dich immer stärker mit deiner Seelenessenz verbinden.

### Bist DU bereit für DEINE bewusste Schöpfungsreise?

# Durch die
# RAUHNÄCHTE
## mit der
# BLUME DES LEBENS

# Einstimmung
## 21.12. – Wintersonnenwende

Nutze die Nacht der Wintersonnenwende am 21. Dezember, um dich bewusst auf die Rauhnächte und deine Vision vom neuen Jahr einzustimmen.

Frage dich: **»Was in mir will ans Licht?«**

Nimm dir ausreichend Zeit, um diese Frage für dich zu beantworten. Gehe dafür nach Sonnenuntergang allein oder in Begleitung schweigend in die Natur. Mache einen ausgiebigen Spaziergang durch die Dunkelheit, und nimm diese ganz bewusst wahr. Wie fühlst du dich in dieser Atmosphäre? Nimm wahr, wie die Dunkelheit dich und die Welt einhüllt. Fühle dich immer tiefer in die Natur eingebettet.

Wir alle werden aus dem dunklen Raum geboren. Doch auch im Bauch unserer Mutter war es nie ganz dunkel. Der Mond und der Sternenhimmel erinnern dich daran, dass es immer irgendwo ein Licht gibt. Wie fühlt sich dieses Wissen für dich an? Welche Gefühle und Bilder erzeugt es in dir? Wovor hast du Angst? Was sind deine Wünsche und Visionen für das kommende Jahr? Was will in dir ans Licht? Erlaube dir, wahrhaft in Kontakt mit dir selbst zu kommen. Tritt mit deiner inneren Dunkelheit – mit deinen Schatten – in Verbindung. Was nimmst du wahr? Welche Botschaften haben sie für dich? Lausche ihnen.

Wieder zu Hause angekommen, notiere deine Erkenntnisse. Wenn du möchtest, verbinde dies mit einem kleinen Teeritual. Bereite dir einen Tee aus Johanniskraut zu, und trinke ihn ganz langsam. Stelle dir dabei vor, wie du mit jedem Schluck die Sonnenstrahlen aufnimmst, die in dem Kraut gespeichert sind, und deine Erkenntnisse ans Licht bringst.

Eine weitere Möglichkeit, die für eine wohlige Atmosphäre in deinem Raum sorgt und dir die innere Einkehr erleichtert, ist das Räuchern: Beim Räuchern wird der Geist (die Wirkung) einer Pflanze von der Materie (dem Pflanzenkörper) gelöst. Deine Absicht gibt die Richtung an. So kannst du räuchern, um dein körperliches, geistiges und seelisches Wohlbefinden zu steigern, um tiefer mit der Natur in Kontakt zu treten oder eben um eine besinnliche heile Atmosphäre zu schaffen, in der deine Erkenntnisse und Visionen besonders gut ans Licht treten können. Räuchern wirkt auf der geistigen und der emotionalen Ebene. Es ist wissenschaftlich belegt, dass Räucherstoffe Emotionen, Motivation, Mut, Willenskraft, Konzentration und Erinnerungsvermögen beeinflussen können. Genauso gut kannst du dafür ätherische Öle verwenden.[*]

Wenn du all deine Erkenntnisse notiert hast, zünde ein Feuer in deinem Garten oder einem geeigneten Ort in der Natur an. Falls du dazu keine Möglichkeit hast oder es dir draußen zu kalt ist, kannst du auch eine Kerze verwenden. Das Feuer transformiert nicht nur das, was wir geistig hineingeben, sondern auch uns, wenn wir uns mit seiner Qualität verbinden: Lausche dem Knistern, spüre die Wärme, und beobachte den Rauch. Nimm wahr, was das in dir bewirkt. Das Feuer symbolisiert Energieerhöhung, Lösung und Wandlung und bereitet deinen Weg in die kommenden Rauhnächte. Wenn du fühlst, es ist getan, lösche das Feuer oder die Flamme in dem Wissen um die lichtvolle Schöpfungszeit, die vor dir liegt.

---

[*] Buchempfehlung speziell für die Rauhnächte: Corinna Hanika & Dennis Möck: Pflanzenzauber & Rauhnachtmagie. Der Zeit des Wandels bewusst und entspannt begegnen. Schirner Verlag, 2022.

# 1. Rauhnacht – 1. Schöpfungskreis

## 24.12. / 25.12.

**Tritt ein, und fülle deinen Schöpfungskreis aus!**

# Wie füllst du deinen ersten Schöpfungskreis aus?

Jede Schöpfungsspiritualität sieht das Leben als etwas Heiliges an. Sie beinhaltet das Wissen, dass alles belebt ist, in allem das Schöpfungsmuster wohnt, alles Bewusstsein ist. Wir wissen um die Verbindung zu allem und um die Fülle der Beziehungen: zu uns selbst, zu allen Wesen, zur Natur, zum Göttlichen. Sind wir uns der Heiligkeit allen Lebens bewusst, öffnen wir uns einer tieferen Dimension des Menschseins, unserem wahren Selbst, in der Gewissheit: »ICH bin ein geistiges Wesen, das gerade eine menschliche Erfahrung macht und gleichzeitig Zugang zu allen Ebenen der Schöpfung hat.«

Spiritualität ist die Erfahrung, in ein größeres Ganzes eingebunden zu sein und gleichzeitig Zugang zu den eigenen inneren Kraftquellen zu haben, die eine heilsame Veränderung bewirken können. Spiritualität weckt die tiefe Sehnsucht in uns, über uns selbst hinauszuwachsen, um das göttliche Wirken IN uns zu erfahren, unserer Existenz einen Sinn zu verleihen und uns wieder mit dem Leben selbst verbunden zu fühlen.

Die Natur eignet sich als Erfahrungsraum der Spiritualität besonders gut. Zu spüren, dass wir organisch mit der Erde verbunden sind, führt uns zu unseren eigenen Wurzeln zurück und bewirkt eine heilsame Veränderung im Inneren. Wenn wir uns in die Schöpfung einbetten, uns als Teil von ihr erfahren, können wir einen tiefgreifenden Wandel erleben.

**Nutze die erste Rauhnacht, um für dich folgende Fragen zu beantworten:**
- Von welchem Punkt in meinem Leben aus schöpfe ich?
- Bin ich mit meinem schöpferischen Kern, mit der göttlichen Quelle selbst verbunden?
- Worin fühle ICH mich eingebettet?
- Woher komme ich? Wohin gehe ich?
- Worauf begründe ich mein Leben?

- Wo liegen meine (spirituellen) Wurzeln?
- Was ist der tiefere Sinn meines Daseins?
- Was ist das Zentrum meines Seins?
- Was ist mein fester Ankerpunkt?
- Gibt es noch etwas über das Leben hinaus?
- Woran glaube ich?
- Bin ich bereit für eine neue Erfahrung?
- Bin ich der Schöpfer, die Schöpferin MEINES Lebens?
- Bin ich bereit, Schöpfer bzw. Schöpferin MEINES Lebens zu sein?
- Bin ich bereit, in die Heiligkeit des SEINS einzutauchen?

> »Alles ist in der Natur verbunden:
> Ein Zustand strebt zum anderen und bereitet ihn vor.«
> *Johann Gottfried von Herder*

Bist du bereit, in der Natur die Urform allen Lebens – die Schöpfung – zu entdecken?

# ÜBUNG:
## Zeit mit dir selbst in der Natur

Nimm dir heute Zeit, um in der Natur zu SEIN. Ich selbst nutze den Tag gern für einen Spaziergang im Schutz der Dunkelheit – der Sternenhimmel über mir und die Erde unter mir.

Suche einen Ort auf, an dem du die Magie des SEINS erfahren kannst. Einen Kraftort, einen Baum, der zu dir spricht, eine Quelle, einen Fluss, das Meer, einen Berg, einen Findling. Frage dich: »Wo zieht es mich heute hin?« Lasse keine Ausreden gelten, warum es gerade heute nicht möglich ist, diesen Platz aufzusuchen. Nimm all deine Argumente wahr: schlechtes Wetter, keine Zeit, Festvorbereitungen, Familie … Mache dir bewusst: »Ich bin JETZT bereit, NEU zu schöpfen.« Nimm DICH und deinen Wunsch, zu kreieren und zu gestalten, wichtig.

Mache dich auf den Weg. Atme ganz bewusst, und spüre die Verbindung zum Himmel wie zur Erde. Du bist eingewoben in die Schöpfung selbst. Du bist nicht allein. Das ALLliebende Schöpfungsfeld wirkt in dir und durch dich, und du kannst dich bewusst in es hineinbegeben.

Eine der vielleicht wichtigsten Entdeckungen bei der Rückverbindung mit der Natur ist die Einsicht, dass die Natur geduldig auf deine Rückkehr gewartet hat. Lasse dich ganz auf sie ein. Entdecke neue Wege und Plätze, an denen du allein in der Natur sein kannst.

Wir neigen dazu, uns im alltäglichen Leben immer mehr von der Natur zu trennen. Wir funktionieren nur noch und folgen unserem eigenen Rhythmus nicht mehr. Die Rückverbindung hilft dir, mit dir selbst wieder in Kontakt zu kommen.

# ÜBUNG:
## Der erste Schöpfungskreis – den eigenen Platz einnehmen

Lege aus den Materialien, die du für die Gestaltung deiner Schöpfungskreise ausgewählt hast, einen Kreis auf die Erde. Stelle dich in deinen Kreis – in dein symbolisches Zentrum –, und frage dich: »Bin ich bereit, meinen Kreis im Schöpfungsraum wieder bewusst wahr- und MEINEN Platz wieder vollumfänglich einzunehmen?« Schließe die Augen, und lasse die Antwort IN dir aufsteigen.

Wenn du Widerstände oder Bedenken in dir bemerkst, übergehe sie nicht. Nimm ehrlich alles wahr, was sich dir zeigt. Atme weiter, und spüre, wie du immer entspannter und innerlich weicher wirst. Erlebe, wie du deinen Platz jetzt ganz ausfüllst. Du kommst immer tiefer IN DIR an. Fühle deine ICH-BIN-Präsenz: »ICH BIN FÜLLE von FÜLLE. ICH BIN LIEBE von LIEBE.« Spüre die Verschmelzung mit dem Wesen allen SEINS, der Schöpfung selbst. In diesem Zentrum in dir gibt es einen unsichtbaren, unergründeten Punkt. Dieser ist ewig, pulsierend, kraftvoll, frei und verbunden zugleich.

Nimm dir noch einen Augenblick Zeit, und fühle diesen Punkt – das Zentrum der Kraft IN DIR –, der dich atmen, sehen, fühlen und wachsen lässt. Spüre deine Bereitschaft, aus diesem Punkt heraus zu schöpfen. Wenn du fühlst, dass es gut ist, beende die Übung. Steige aus dem Kreis heraus, und widme dich wieder deinem Alltag in dem Bewusstsein deines Schöpfungszentrums.

*So, wie die Sonne ihr Licht in die Welt aussendet,*
*so erhellt Gott – das Schöpfungsfeld –*
*alle Formen des SEINS.*
*Sein Geist durchdringt ALLES und*
*bleibt gleichzeitig davon unberührt*
*und völlig erhaben in seiner eigenen Fülle.*

# 2. Rauhnacht –
# 2. Schöpfungskreis

## 25.12. / 26.12.

### Gleiche deine Anteile in dir aus.

# Vesica Piscis – das Symbol für den Ursprung des Neuen

Der zweite Kreis markiert den Beginn der Schöpfung. Wir tauchen in die Polarität ein. Die Einheit, aus der alles erschaffen ist, teilt sich, und Schöpfung entsteht.

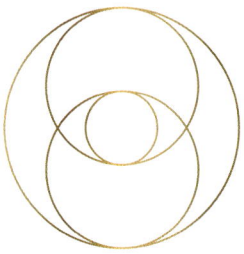

> »Wenn sich zwei Kreise überschneiden,
> entsteht in der Schnittmenge etwas Drittes.
> Es ist ein eigenes Wesen, eine eigene Kraft,
> die sich mit der Zeit entfaltet.«
> *Jeanne Ruland*

Das Symbol, das die Geburtsstunde der Schöpfung versinnbildlicht, ist die »Vesica Piscis«, auch »Fischgefäß« oder »Fischblase« genannt. Die Vesica Piscis ist der erste Schritt hin zur Entfaltung der Blume des Lebens und damit ein wesentliches Element der Heiligen Geometrie, die unserer gesamten Schöpfung zugrunde liegt. Wenn sich zwei Kreise überschneiden, zwei ursprünglich getrennte Dinge sich vereinen, entsteht etwas Neues, das zugleich das Alte weiterhin in sich trägt, wie beim Zeugungsakt, bei dem sich das Erbgut von Mann und Frau vereinen und daraus ein Kind mit einer eigenen, neuen Genetik entsteht.

### Die Vesica Piscis steht für:
- die ausgewogene Vereinigung von männlichen und weiblichen Anteilen
- das allsehende Auge Gottes oder das Auge des Horus
- Himmel und Erde, in Liebe vereint

- die Christen
- die Aura – Mandorla
- die Verbindung der Geistigen und der materiellen Welt
- das Erwachen in der Einheit
- die Vagina, die das Leben empfängt
- Harmonie, Frieden, Ausgewogenheit und die Einheit der Gegensätze

Die Schnittmenge in der Vesica Piscis symbolisiert den göttlichen Freiraum. In diesem Raum wenden wir uns aus freiem Willen dem Höchsten zu und können auf diese Weise neue Dimensionen des Seins erfahren. Wichtig ist dafür, zu verstehen, dass wir IN uns vollständig sind: Wir haben eine linke und eine rechte, eine fühlende und eine denkende, eine männliche und eine weibliche, eine geistige und eine materielle Seite. Keine ist besser oder schlechter. Alle Aspekte dürfen vollumfänglich in uns entfaltet sein. Dieses Bewusstsein führt uns über die Polarität hinaus.

Wenn wir lernen, die polaren Kräfte in uns auszugleichen und in LIEBE zu vereinen, können wir aus der Quelle IN uns schöpfen und Neues erschaffen. Wir alle haben denselben Ursprung, auch wenn wir uns auf der Erde als getrennt erleben. Es geht vor allem um das, was uns verbindet: Wenn wir erkennen, dass wir alle aus der einen Quelle heraus etwas ganz Eigenes, Besonderes schöpfen, geben wir uns selbst die Möglichkeit, das höchste Potenzial in uns freizusetzen.

# ÜBUNG:
## Der zweite Schöpfungskreis – Männlich und Weiblich in Balance

Lege mit etwas Abstand zu deinem ersten Schöpfungskreis einen weiteren Kreis. Beide sollten so weit voneinander entfernt sein, dass du ohne Mühe mit einem Schritt von einem Kreis in den anderen hinüberwechseln, aber auch zwischen beiden stehen kannst.

Stelle dich nun in einen der Kreise. Gleich, ob du ein Mann oder eine Frau bist, nimm diesen Kreis nun bewusst als deinen männlichen Anteil wahr, und spüre hinein. Wie fühlst du dich in diesem Kreis? Spürst du Schwere oder Leichtigkeit, Druck oder Entspannung, Zerrissenheit oder Balance in dir? Nimm alles ehrlich wahr, ohne es zu bewerten. Es geht bei dieser Übung um die wahrhafte Erforschung deines momentanen Seinszustands.

Während du im Kreis deines männlichen Anteiles stehst, schließe deine Augen, und spüre in deine aktuelle Lebenssituation hinein. Wie nimmst du dein Leben wahr? Ist es angenehm, leicht, frei und aktiv, ist es eher anstrengend, voller Druck und Enge, oder ist es gar von Taubheit oder Leere bestimmt? Welche Gedanken über dich und dein Leben sind in diesem Kreis vorherrschend? Erlaube dir, die körperlichen Empfindungen, die damit einhergehen, zu ergründen. Spüre in deinem Körper nach, wie sich diese Gedanken anfühlen.

Wenn du einige Minuten voller Mitgefühl für dich selbst deinen männlichen Anteil wahrgenommen hast, tritt aus dem Kreis heraus, schüttle alles von dir ab, und nimm einige absichtslose Atemzüge.

Nun stelle dich in den zweiten Kreis. Dieser symbolisiert deinen weiblichen Anteil, spüre auch in ihn hinein. Gleich, ob du ein Mann oder eine Frau bist, nimm nun ganz bewusst deinen weiblichen Anteil in diesem Kreis wahr. Wie fühlst du dich? Spürst du Schwere oder Leichtigkeit, Druck oder Entspannung, Zerrissenheit oder Balance in dir? Nimm auch in diesem Kreis alles ehrlich wahr, ohne es zu bewerten.

Während du im Kreis deines weiblichen Anteiles stehst, schließe deine Augen, und spüre in deine aktuelle Lebenssituation hinein. Wie nimmst du dein Leben von diesem Kreis aus wahr? Welche Gedanken über dich und dein Leben sind vorherrschend? Erlaube dir, die körperlichen Empfindungen, die damit einhergehen, zu ergründen. Spüre in deinem Körper nach, wie sich diese Gedanken anfühlen.

Wenn du diesen Anteil intensiv wahrgenommen hast, gehe auch hier ganz bewusst wieder aus dem Kreis heraus, schüttle alles von dir ab, und atme dich ganz ins Hier und Jetzt.

Lege anschließend beide Kreise so übereinander, dass sie eine Schnittmenge bilden – den göttlichen Freiraum. Die Vesica Piscis gibt dir symbolisch zu verstehen, dass du IN dir bereits vollständig bist.

Stelle dich als Nächstes in die Schnittmenge. Spüre, wie du dadurch wie magisch in deine eigene Mitte gezogen wirst. In den Schöpfungsraum in dir, aus dem heraus du kreieren, schöpfen und erschaffen kannst. Nimm dir Zeit, diesen Raum mit all deinen Sinnen wahrzunehmen. Spüre deine Bereitschaft, bewusst zu schöpfen, und die Gewissheit, in der heiligen, natürlichen Grundform des Lebens, in der alle Anteile ausgeglichen sind, dies auch zu können.

Nimm noch einmal wie in der ersten Rauhnacht das Zentrum allen SEINS, den unsichtbaren, unergründlichen Punkt wahr, der ewig, frei fließend, kraftvoll sprudelnd und doch sanft ist. Lasse dich vollkommen in diese Tiefe und Weite hineinfallen – du musst nichts dafür tun, lasse es einfach geschehen.

Verbinde dich in diesem Zustand ganz bewusst mit deinem Dritten Auge, dem Sitz des Göttlichen IN dir, und halte die Verbindung sanft atmend aufrecht. Die Schnittmenge – der freie Raum, in dem du dich befindest – steht für das Einheitsbewusstsein. Erlaube dir, sanft und dir selbst zugewandt, einige bewusste Atemzüge, und spüre, wie der Raum zu tanzen beginnt. DU, dieser freie Raum und das ewig EINE tanzen voller übersprudelnder Lebendigkeit. Genieße dieses Gefühl für einen Moment.

Dann gehe ganz bewusst in den Kreis, der deinen männlichen Anteil symbolisiert, und prüfe, was sich in dir verändert hat. Spüre, wie deine aktive Kraft frei in dir fließt. Nimm deinen aktiven männlichen Anteil voller Wertschätzung IN dir wahr.

Anschließend wechsle in den Kreis, der deinen weiblichen Anteil symbolisiert. Tritt dafür zunächst in die Schnittmenge in der Mitte, nimm hier einige bewusste Atemzüge, und spüre nach. Dann tritt in den Kreis des weiblichen Anteils. Spüre, wie sich die Energie innerhalb dieses Kreises in dir bewegt, was sich verändert hat. Vielleicht ist sie nun wirbelnder, sprudelnder, weicher, zarter, sanfter oder vielleicht auch wilder als zuvor. Begegne auch diesem Anteil von dir mit tiefer Wertschätzung.

Zum Abschluss begib dich noch einmal in die Schnittmenge der beiden Kreise. Bringe deine Hände vor deinen Herzraum in die Gebetshaltung, und spüre, wie dein männlicher und dein weiblicher Anteil sich immer mehr ausgleichen. Du musst nichts tun. Lasse die Harmonisierung IN dir einfach geschehen. Wenn du die Ausgeglichenheit in dir spürst, bedanke dich, und kehre zurück in deinen Alltag.

**Fragen, die dich im Weiteren unterstützen können:**
- Welcher deiner Anteile braucht deinen Beistand?
- Gönnst du dir immer wieder Erholungsphasen?
- Was bedeutet Regeneration für dich – was bedeutet sie für deinen Körper?
- Bist du bereit, deine Schaffenskraft wahrhaft zu nutzen, oder wartest du noch immer auf Impulse von außen?

# Noch ein paar Worte zur weiblichen und zur männlichen Energie

### Die weibliche Energie

Die weibliche Energie ist eine fließende und wirbelnde Energieform und steht für eine offene und aufnehmende Haltung. Einfühlungsvermögen, Mitgefühl, Empathie und die Fähigkeit, mit anderen zu verschmelzen, sind typische Ausdrucksformen des Weiblichen. Weitere weibliche Qualitäten entspringen dem Kontakt zu den eigenen Gefühlen, der der weiblichen Energie zu eigen ist, und der Fähigkeit, diese auszudrücken, z. B. eine liebende Haltung, eine tiefe Verwurzelung im Herz- und Schoßraum, eine lebendige Verbindung zur Erde.

Weibliche Energie würdigt ihre Gefühle und Empfindungen in jeder Situation ganz bewusst, bewahrt sich vor dem unbewussten Abtauchen in alte Geschichten und hütet sich davor, neue Geschichten daraus zu spinnen und andere für ihre Gefühle verantwortlich zu machen. Sie drückt sich als Liebe aus, die sich verschenken will, ohne Einschränkung, bedingungslos, eine Liebe, die sich ohne ein Ziel hingeben möchte. Sie bewegt sich, berührt, verströmt sich absichtslos.

Das Weibliche nimmt die Welt über die Sinne wahr und akzeptiert das Leben, wie es ist. Es bewertet und analysiert nicht. Weiblichkeit bedeutet Gegenwärtigkeit. Weibliche Energie lebt von einem Augenblick zum nächsten. Sie lebt jeden Moment neu.

### Die männliche Energie

Die männliche Energie ist zielgerichtet, d.h. nach vorn und oben gerichtet. Sie verkörpert den Energieimpuls, der von Ideen ausgeht. Sie ist gebündelt. Das männliche Prinzip ist Struktur, ist haltend und aktiv. Der Drang nach Freiheit ist eine tiefe Sehnsucht des Männlichen. Es bedeutet nicht, zu machen, was man will – dies würde letztlich zur Selbstzerstörung führen. Frei sein bedeutet, das auszudrücken, was in einem vorgeht, und Entscheidungen unabhängig vom äußeren Umfeld zu treffen.

Wenn die männliche Energie aus der inneren Freiheit heraus agiert – im Wissen um die Verbundenheit mit der weiblichen Energie –, ist sie im Raum der Liebe Halt gebend und Struktur schaffend.

**Männliche und weibliche Energie gehören als zwei Aspekte des Ganzen zusammen, gemeinsam feiern sie die Schöpfung kraftvoll. Dieser »Tanz« darf aktiv in jeder Frau und in jedem Mann stattfinden. Beide Anteile harmonisch in Mann und Frau vereint, bilden die Grundlage für ein glückliches und erfülltes Leben.**

# 3. Rauhnacht –
# 3. Schöpfungskreis

## 26.12. / 27.12.

### Lasse die Trinität sich in dir entfalten.

# Von der Dreiheit zur Ganzheit

Seit jeher gilt die Zahl 3 als Zeichen für das Ganze, dem nichts hinzugefügt werden muss. Sprichwörtlich machen wir drei Kreuze, wenn wir froh sind, etwas überstanden zu haben. Aller guten Dinge sind redensartlich drei. Die Welt besteht aus Himmel, Erde und Meer. In der antiken Mythologie treffen wir auf zahlreiche Dreierkombinationen wie die drei Furien oder den dreiköpfigen Hund Zerberus. Und auch Märchen handeln häufig von drei Brüdern, drei Wünschen, drei Aufgaben, drei Prüfungen. Auf drei Beinen können Gegenstände selbstständig stehen. Die Grundform der Familie besteht aus Mutter, Vater und Kind. Auch im Schöpfungskreis ist die Entfaltung der Drei ein wichtiger Moment.

Eines der bekanntesten Symbole, mit denen die 3 bildlich dargestellt wird, ist die Triskele der Kelten. Sie steht für die Sonne und den ewigen Kreislauf des Lebens sowie für folgende Dreiklänge:
- Geburt – Leben – Tod
- Körper – Geist – Seele
- Vergangenheit – Gegenwart – Zukunft
- Mutter – Vater – Kind
- Jugend – Reife – Alter
- Gottvater – Sohn – Heiliger Geist
- die keltischen Elemente Erde, Wasser und Luft

# Die Trinität kurz erklärt

Die heilige Trinität oder Dreifaltigkeit ist ein wesentliches Element des Christentums. Gott ist dreieinig. Er ist Vater, Sohn und Heiliger Geist. Deutlich wird diese Trinität am Symbol der Sonne.

Die Sonne steht für den Gottvater. Von ihr gehen Licht und Wärme aus. Ihre Strahlen senden die wärmende und nährende Kraft zur Erde, sie symbolisieren den Sohn, Jesus Christus. Und ihre Wärme selbst steht für den Heiligen Geist. Alle drei Instanzen bilden in sich eine Einheit.

Ebenso verhält es sich mit dem Phänomen der Liebe. Die Dreiheit ergibt sich hier aus zwei Personen, die einander lieben, und dem Band der Liebe, das in seinem ganz eigenen Klang zwischen beiden schwingt. Liebe ist nur dann gegeben, wenn das Band der Liebe als drittes Prinzip vorhanden ist. Liebe herrscht nur in dieser Dreiheit. Diese Liebe kann sich auch in der Partnerschaft zu Gott, zur Schöpfung, zeigen.

Gott spricht mit den Menschen durch Christus. Der Mensch versteht das Wort Gottes durch den Heiligen Geist. Die Wunderwirkung geschieht in der Dreiheit von Sprechendem, Gesagtem und Verstehendem.

Die Trinität selbst muss nicht mit dem Verstand erfasst werden. Sie bildet lediglich die Brücke zum Verständnis des Ganzen. Das Dritte muss hinzukommen, um die Ganzheit erfassen zu können. Viel zu oft wird das Dritte unter den Tisch fallen gelassen. Wir heben es jetzt mit dem dritten Schöpfungskreis bewusst ins Zentrum, damit der Geist des Wunderwirkenden sich in uns entfalten kann.

# Die drei Selbste – die Trinität in uns

**Achte alle Menschen und dein Selbst.
Sei dir selbst treu.**

Wir alle besitzen ein dreifaltiges Selbst – unsere eigene Trinität. Diese besteht aus dem **Hohen Selbst,** dem **Mittleren Selbst** und dem **Unteren Selbst.** Wenn diese drei gut zusammenwirken, erkennen wir die Zusammenhänge in unserem Leben besser und können Neues kreieren.

Alle Meister der Liebe wie Jesus Christus, Buddha, Mutter Maria oder Krishna fordern uns auf, als Menschen bewusst zur Seite zu treten, um dem kreativen Schöpfungsaspekt der Seele die Möglichkeit zur Entfaltung zu geben.

Dein **Hohes Selbst** weiß um deine Fähigkeiten und Talente. Wenn du bewusst Kontakt zu ihm pflegst, führt es Regie in deinem Leben. Das Hohe Selbst schwingt von allen drei Selbsten am höchsten, und es kennt deinen Seelenplan.

**Reflexionsfragen zum Hohen Selbst:**
- In welchen Bereichen meines Lebens wirkt mein übermäßiger Wille?
- Lebe ich im Einklang mit meiner höchsten Wahrheit und Weisheit?

Dein **Mittleres Selbst** – dein Tagesbewusstsein, dein Verstand – untersteht dem direkten Einfluss deines Hohen Selbst. Das Mittlere Selbst ist angewiesen, die Erkenntnisse des Hohen Selbst bewusst werden zu lassen und in das tägliche Leben zu integrieren. Dies ist keine leichte Angelegenheit, da das Hohe Selbst oftmals Dinge fordert, die das Mittlere Selbst nicht gänzlich begreift. Ein Seelenplan ist manchmal völlig anders gestaltet, als es unser Tagesbewusstsein denkt. Erst wenn wir unseren Verstand willentlich dem Höchsten unterordnen und unser Leben immer tiefer danach ausrichten, werden wir wie magisch geführt und von tiefem Frieden erfasst.

**Reflexionsfragen zum Mittleren Selbst:**

- Was sind meine Ängste?
- Welche Instanz in mir trifft die Entscheidungen?
- Wie beurteile ich mich selbst?
- Wie gehe ich mit vermeintlichen Fehlentscheidungen um?
- Erlaube ich mir, die Welt freudvoll und liebevoll zu betrachten, unabhängig davon, was im Außen gerade geschieht?

An dieser Stelle möchte ich dir einen Hinweis mit auf den Weg geben, da ich aus langjähriger Praxiserfahrung weiß, wie viele Menschen aufgrund von übermäßigem Zweifeln nicht ins Tun kommen und den Kontakt zu ihrem Mittleren Selbst schwächen: Erlaube dir, Entscheidungen ganz bewusst zu treffen, unabhängig vom Ergebnis. Hänge nicht am Ergebnis fest. Tauche immer wieder in ein buntes Leben voller Erfahrungen ein. Nichts ist trauriger, als am Ende des Weges zu erkennen, vor lauter Angst vor dem Leben und aus Furcht, eine falsche Entscheidung zu treffen, die Lebendigkeit, die Flexibilität und die Freude verloren zu haben.

In deinem **Unteren Selbst** sind alle Energien gespeichert, die du je erfahren hast. Alle deine Gefühle sind hier präsent, und von hier aus wird deine Gefühlslage gesteuert. Dein Unteres Selbst ist nicht selbstständig in der Lage, Situationen einzuordnen oder zu bewerten. Jede Reaktion erfolgt aufgrund eines Gedankens, eines Reizes in Bezug auf die Vergangenheit oder aufgrund unbewusster Gefühls- und Verhaltensmuster, die du von deiner Familie oder der Gesellschaft übernommen hast.

**Reflexionsfragen zum Unteren Selbst:**

- Welche Themen und Erfahrungen habe ich noch nicht verarbeitet? (Diese Geschehnisse können lange zurückliegen, gar aus der Kindheit stammen.)
- Was habe ich mir selbst und anderen Menschen noch nicht vergeben?
- Welche Gefühle lehne ich ab? Was tue ich, um sie zu vermeiden?

# ÜBUNG:
## Die Verbindung der drei Selbste

Begib dich an einen Ort, an dem du ungestört bist. Setze dich, schließe deine Augen, und folge mit deiner Aufmerksamkeit deinem Atemrhythmus. Spüre dabei deinen Körper so intensiv wie möglich.

Nimm dein Unteres Selbst mit allen Gefühlen, Emotionen und Körperempfindungen wahr, und versuche nicht, diese zu verändern. Stattdessen atme sanft in diese Stellen, und erlaube dir, mit ihnen weich zu werden. Spüre, wie sich dein Körper tief entspannt.

Lade nun dein Mittleres Selbst ein, ein Bild der Geborgenheit, Freude, des Wohlgefühls und des absoluten Wohlstands in dir zu erzeugen. Du bist jetzt völlig entspannt und spürst, wie dein Körper sich immer weiter öffnet.

Lade anschließend bewusst den goldenen Regen des Segens ein, in dich einzuströmen. Nimm mit allen Sinnen die Verbindung zu deinem Hohen Selbst und dem ALLliebenden Raum wahr.

**Wenn wir in unserem Leben etwas manifestieren wollen, ist es notwendig, dass wir mit den drei Selbsten in uns verbunden und uns dieser Dreifaltigkeit bewusst sind.**

# ÜBUNG:
## Der dritte Schöpfungskreis – die drei Selbste

Lege aus den zwei Kreisen der letzten zwei Rauhnächte und einem neuen jeweils einen Kreis für das Hohe Selbst, für das Mittlere Selbst und für das Untere Selbst nebeneinander auf den Boden.

Erspüre, in welchen Kreis es dich zieht, welches Selbst sich am meisten nach Verbindung, Anerkennung oder Heilung sehnt. Lasse die Antwort aus deinem Unterbewusstsein aufsteigen. Dabei kannst du im Uhrzeigersinn um deinen Bauchnabel streichen, um in einen tieferen Kontakt mit deinem Unterbewusstsein zu kommen. Dann nimm bewusst Verbindung mit dem Selbst auf, das sich zeigt, indem du dich in den jeweiligen Kreis stellst und erforschst, was es von dir benötigt. Verstärke den Kontakt langfristig, indem du dich selbst einlädst, die Übung zu diesem Selbst, die du am Ende dieser Übung findest, eine Zeit lang täglich durchzuführen.

Tritt nun wieder aus dem Kreis hinaus, sieh dir deine drei SELBSTE, die drei Kreise, an, und segne sie. Anschließend lege die Kreise wie in der Abbildung übereinander.

Verbinde dich bewusst noch einmal mit ihnen, und stelle dir vor, wie die drei Selbste in völliger Harmonie miteinander wirken. Spüre und visualisiere, wie alle drei Felder eine magnetische Strahlkraft entwickeln und zu leuchten beginnen. Du kannst fühlen, wie sie ein harmonisches Ganzes ergeben und sich das Beste, das Schönste und das Harmonischste jetzt daraus entwickeln.

Sprich zum Abschluss die folgenden Sätze laut aus: »Mein Hohes Selbst kennt das Ziel. Mein Mittleres Selbst steuert und lenkt ab jetzt bewusst. Mein Unteres Selbst kennt den Weg und führt ab jetzt instinktiv und heilsam die Handlung aus.«

**Ich lade dich ein, die folgenden Übungen als tägliche Routine in dein Leben zu integrieren:**

# ÜBUNG:
## Das Untere Selbst

Verbinde dich täglich ganz bewusst mit deinem Unteren Selbst. Lege deine Hände auf deinen Bauchnabel, und bewege sie sanft im Uhrzeigersinn, während du mit deinem Unteren Selbst sprichst. Sprich mit ihm über alles, was dich bewegt, und sage ihm zum Abschluss, dass du es achtest, segnest und von Herzen liebst.

Du wirst die Veränderungen, die dadurch in dir entstehen, wahrscheinlich nicht gleich bemerken, bleibe trotzdem dabei, wenn du dein Leben mit deinem Seelenplan in Übereinstimmung bringen möchtest.

# ÜBUNG:
## Das Mittlere Selbst

Lege täglich bewusst für einen Moment deine Hände auf deinen Herzraum. Lenke deine Aufmerksamkeit auf deinen Körper, und atme in den Raum deines Herzens. Fühle, wie er sich mit jedem Atemzug weiter öffnet, weicher wird und wie die Energie der Liebe zu allem Leben sich weit und warm in dir ausbreitet und sich sogar über deine Körpergrenzen hinaus mit deinem Feld verbindet.

**Wenn du eine Frage in dir trägst, stelle sie, und frage dich:**
- »Wie bewertet der liebende Herzraum diese Situation?«
- »Was ist in diesen Augenblick die richtige Handlung?«

Nimm dir einen Moment der Stille, und warte ab. Die Antwort kann wortlos kommen, sich als Impuls bemerkbar machen oder sich in Form eines plötzlich aufsteigenden Gedankens oder Gefühls zeigen.

**Lerne, den Impulsen deines Herzens zu folgen. Lebe die Weisheit und die Kraft, die du in deinem Herzen fühlst, und bringe sie durch Worte und Taten zum Ausdruck, und du wirst wahre WUNDER erleben.**

# ÜBUNG:
## Das Hohe Selbst

Über das Gebet und das Segnen nimmst du Kontakt zum Hohen Selbst auf, gleichzeitig verstärkst du deine Lichtenergie. Beginne direkt am Morgen: Segne deinen Tag, die Begegnungen und Ereignisse, die dich erwarten, und lade das göttliche Licht schon jetzt in dein Leben ein, um das Beste für alle Beteiligten zu bewirken. Sprich: »Möge der Segen des höchsten Lichts in mich einströmen und in ALLES, womit ich sichtbar und im Verborgenen verbunden bin. Zum Segen für ALLE Wesen und Welten. DANKE für ALLE Erfahrungen, die ich heute machen darf.«

# ÜBUNG:
## Ritual für den Abend

Das folgende Ritual für den Abend ist für mich eines der wichtigsten Rituale, wenn es um die Harmonie von Körper, Geist und Seele und die Manifestation geht. In der Nacht geht die Seele zu 99 Prozent aus dem Körper hinaus, wodurch dieser an Schutz verliert, wenn wir nicht etwas »Höheres«, »Größeres« einladen. Mit dem Abendritual rufen wir es herbei und wissen, wir sind geschützt und gehalten. Es macht uns bewusst, dass unsere Seele in der Nacht reist und Impulse des Geistes zu uns bringt.

Sprich am Abend, bevor du dich schlafen legst: »Ich bitte um den Segen aus den höchsten Ebenen für meinen Körper. Ich lege ihn in die liebenden Hände Gottes, damit meine Seele frei reisen kann und neue lichtvolle Impulse für den nächsten Tag sammeln kann. Danke an mein geistiges Team für euer fortwährendes Wirken in meinem Leben.«

# 4. Rauhnacht –
# 4. Schöpfungskreis

## 27.12. / 28.12.

### Erzeuge Stabilität in dir.

# Bist du bereit, dich mit all deiner Kraft deinen Zielen zu widmen?

Die 3 gilt auch als die Zahl Gottes, und mit der 4 wird die Manifestation auf die Erde gebracht, ins Irdische eingebettet und stabilisiert. Der Dreivierteltakt symbolisiert die Vollkommenheit, da er das Himmlische und das Irdische verbindet. Mit diesem Takt kommen wir in den Flow.

Die 4 fordert uns auf, Schritt für Schritt unsere Themen anzugehen und unsere Ziele und Visionen zu verwirklichen. Es geht darum, uns selbst zu schulen, diszipliniert an einer Sache dranzubleiben. Die 4 macht uns bewusst, dass wir in die Umsetzung kommen dürfen, um etwas zu erreichen.

Die 4 ist als Zahl der Ganzheit eine Glückszahl in unserer Kultur. Wir wissen: Alles Sein besteht aus den vier Elementen Feuer, Wasser, Luft und Erde. Unser Leben ist in die Zyklen der vier Jahreszeiten und der vier Mondphasen eingebettet. Wir orientieren uns nach den vier Himmelsrichtungen Osten, Süden, Westen und Norden, und die frohe Botschaft im Neuen Testament wird in den vier Evangelien verkündet. Nach Platon gibt es vier Haupttugenden: Besonnenheit, Tapferkeit, Weisheit und Gerechtigkeit. Die 4 ist die Zahl des Kreuzes. Sie symbolisiert die Fesseln, die uns an die Materie binden. Außerdem weist sie auf Ordnung hin.

In der vierten Rauhnacht geht es für uns darum, mit aller Verlässlichkeit und Integrität die anstehenden Aufgaben zu meistern, unbeirrbar und gründlich an unseren Zielen und Visionen zu arbeiten und Einsatz dafür zu bringen.

Im vierten Kreis der Blume des Lebens geht es um die Selbstschulung. Mache dich bereit, dich selbst ganz genau zu beobachten. Stimmen deine Handlungen mit deinen Worten und Gedanken überein?

Mache dir bewusst: Um eine Veränderung in deinem Leben zu vollziehen und diese nachhaltig in dein Leben zu integrieren, braucht es einen Mondzyklus.

»Achte auf deine Gedanken, denn sie werden deine Worte.
Achte auf deine Worte, denn sie werden deine Taten.
Achte auf deine Taten, denn sie werden deine Gewohnheiten.
Achte auf deine Gewohnheiten, denn sie bilden deinen Charakter.
Achte auf deinen Charakter, denn er wird zu deinem Schicksal.«
*Aus dem Talmud*

# ÜBUNG:
## Stabilität erzeugen

Welcher Gedanke beschäftigt dich gerade intensiv? Lasse ihn in dir ganz präsent werden. Schließe deine Augen, und atme sanft und dir zugewandt. Spüre, wie sich dieser Gedanke in deinem Körper anfühlt. Wo ist es in dir eng, unruhig, starr, kalt …? Atme sanft dorthin, und erlaube dir, an dieser Stelle weich und weit zu werden.

Spüre, welches Gefühl der Gedanke in dir auslöst. Es können auch mehrere Gefühle sein. Bleibe weiterhin sanft atmend ganz bei dir. Bewerte deine Gefühle nicht – nimm sie einfach wahr, und lasse sie weiterziehen.

Um einen noch tieferen Bezug zu deiner Empfindung aufzubauen, übersetze sie in ein Bild: »Es fühlt sich an, als ob …«, »Es sieht aus wie …«

Mit einem lauten Ausspruch gib jetzt aktiv deine Erlaubnis, dass alles sein darf. Sprich: »Alles in mir darf jetzt da sein.« Mit dieser wahrhaften absichtslosen Erlaubnis beginnt die Heilung.

Spüre, wie sich das Einheitsfeld der Liebe sanft um dich legt und dich einhüllt. Vielleicht kannst du vor deinem inneren Auge sehen, wie weißgoldenes Segenslicht in dich einströmt, und wahrnehmen, wie all deine Zellen von diesem Licht erleuchtet werden. Genieße diese Erfahrung, und mache dir bewusst: Hier bist du stabil in dir, hier BIST DU Stabilität. Frage dich an diesem Punkt: »Was möchte ich von diesem stabilen Fundament aus schöpfen?«

Erlaube dir ab jetzt nur noch Gedanken, die erweiternd, konstruktiv, aufbauend, segnend und voller Dankbarkeit sind. Nicht nur dem gegenüber, was du schöpfen möchtest, sondern gegenüber ALLEM, was dir begegnet. Wenn du negative Gedanken in dir wahrnimmst, wiederhole die Übung.

Deine Gedanken erschaffen deine Gefühle. Manifestationen gelingen nicht, wenn du dir immer wieder erlaubst, in alte Muster zurückzufallen. Sei dir selbst ein verlässlicher Partner, und verleihe dir Stabilität und Halt. Spüre immer wieder deine Kraft und Stabilität in dir in der Anbindung an das Schöpfungsfeld. Du bist kein kleines Licht – du bist der Same des Göttlichen, aus dem ALLES erwachsen kann.

Lasse keine Ausreden gelten. Schlage allen Zweifeln in dir bewusst die Tür zu, und beginne, dir selbst die richtigen Fragen zu stellen wie: »Warum habe gerade ich so viel Kraft, mein Leben machtvoll zu kreieren?« Dies erzeugt weitere kraftvolle und schöpferische Verbindungen in dir. Du bist ein Schöpfer, eine Schöpferin. Beginne JETZT.

**Frage dich regelmäßig:**
- Welche Gedanken habe ich?
- Welche Gefühle erzeugen diese Gedanken in mir?
- Welche Handlungen vollziehe ich aufgrund dieser Gedanken und Gefühle, und wie spreche ich dann? Ist es das, was ich möchte?
- Sind meine Gedanken, meine Gefühle, meine Handlungsmuster und meine Sprache auf meine Visionen ausgerichtet?

**Änderst du dein DENKEN,
änderst du deine WELT.**

# ÜBUNG:

## Der vierte Schöpfungskreis – ein Gefühl der Sicherheit, der Stabilität und der Fülle

Lege den vierten Kreis wie in der Abbildung. Hinweis: Wir legen diesen und die kommenden Kreise im Uhrzeigersinn an den Ursprungskreis an, um Energie aufzubauen.

Betrachte die vier Kreise eine Zeit lang von außen, und lasse dich zu dem Punkt ziehen, an dem du innerhalb aller vier Kreise die größte Stabilität für dich spürst. Stelle oder setze dich an diese Stelle.

Sei bereit, dir und deiner Führung zu vertrauen. Erlaube dir, dich sicher zu fühlen, auch wenn in deinem Leben eventuell gerade gar nichts sicher zu sein scheint. Erlaube dem Sicherheitsgefühl in dir, sich Raum zu nehmen, und beginne, diese Sicherheit auf Zellebene in dir zu fühlen. Erlaube dir ein Gefühl der Fülle, und verbleibe atmend so lange darin, wie du möchtest.

# 5. Rauhnacht –
# 5. Schöpfungskreis

## 28.12. / 29.12.

### Öffne dich für deine Schöpferkraft!

# Du besitzt Schöpferkraft!

In dieser Rauhnacht wenden wir uns der Schöpferkraft in uns zu, die alles lenkt und leitet. Vom fünften Schöpfungskreis aus können wir unser Leben und das Leben all jener, die wir mit unserem Kreis berühren, lichtvoll durchdringen sowie segensvoll leiten und gestalten. An diesem Punkt der Schöpfung erlauben wir bewusst, dass sich alles nach dem göttlichen Plan entfaltet.

Die 5 ist eine magische Zahl. Sie ist im Pentagramm enthalten, dem Schutzsymbol. Und jede ungerade Zahl, die mit ihr multipliziert wird, enthält am Ende wieder die 5. Als Lebenszahl steht sie für Freiheit und Veränderung. Mit der 5 erlangen wir Unabhängigkeit, die aus einer tiefen Verbundenheit resultiert, aus dem Wissen um das Eingebettet-Sein in die tiefe Liebe des Universums. Wir erwachen in unser wahres Sein, in die ICH-BIN-Präsenz und erkennen: »ICH BIN die Ursache all meiner Erfahrungen.« Wir begreifen, dass die Schöpferkraft IN uns wohnt.

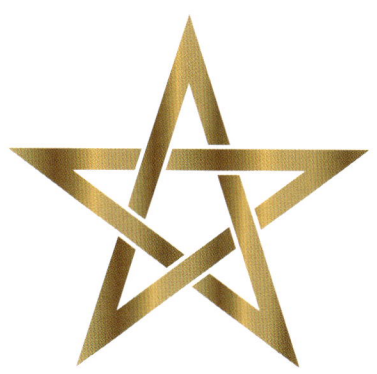

# Die fünfte Herzkammer

In der fünften Rauhnacht geht es um die Wendung nach INNEN. Tief in uns gibt es einen Raum, mit dem wir immer verbunden sind: die fünfte Herzkammer.

Kennst du diese Momente, in denen es ganz still wird und du spürst, wie das Leben selbst in deinem Herzen pulsiert, in denen dein Herz von bedingungslosem Sein und wahrhaftiger Liebe durchdrungen ist und eine unendliche Weite und Wärme in dir sind? In diesen Momenten wirst du aus der fünften Herzkammer heraus in Übereinstimmung mit deinem Seelenplan geführt. Sie ist der heiligste Raum in uns Menschen.

Bereits 1920 wurde sie von Dr. Hanish entdeckt. Es gibt demnach nicht, wie bis dahin angenommen, vier Herzkammern, sondern eine »geheime« fünfte, die an der Hinterwand des Herzens liegt. Sie ist winzig klein, hat einen Durchmesser von nur 4 mm und ist vom Sinusknoten, dem Haupttaktgeber des Herzens, umgeben. Bei Herzoperationen wird der Sinusknoten weiträumig umgangen. Eine Verletzung dieses Bereichs kann enorme Beeinträchtigungen oder gar den Tod des Patienten zur Folge haben.

Dr. Hanish hat mit einer mikroskopischen Kamera die fünfte Herzkammer abgelichtet und einmillionenfach vergrößert. Er entdeckte darin die geometrische Form eines Dodekaeders und in ihm eine menschliche, androgyne Gestalt. Gleich, ob im Körper eines Kindes oder dem eines Greises, es ist immer dieselbe jugendlich-alterslose Gestalt zu erkennen, die die Wände des Dodekaeders nicht berührt. Dieses Abbild in unserem Herzen ist die Blaupause der göttlichen Matrix. Dr. Hanish nannte es das »göttliche Atom«. Hier befindet sich die göttliche Präsenz – unser wahres Zuhause.

Die fünfte Kammer des Herzens ist eine luftleere Zelle. Vakuum bedeutet die Abwesenheit von Materie – hier kann nichts existieren. Die Natur akzeptiert kein Vakuum, so die gängige Meinung. Und doch soll in der fünften Herzkammer ein Vakuum sein? Äther ist wie das Vakuum, es enthält keine stoffliche Substanz, keine Materie, wie sie auf der Erde vorkommt. Der Mensch besteht aus den vier Elementen Feuer, Erde, Wasser und Luft. Etwas Erstaunliches geschieht nun in der fünften Herzkammer: Hier vereinigen sich die vier Elemente mit dem fünften kosmischen Element Äther. Mit diesem Phänomen des »Nichts« hat sich bereits Sokrates befasst. Er nannte den Äther auch die »Quintessenz«, die fünfte Essenz. Als Quintessenz bezeichnen wir das Wesentliche.

Wir haben also unseren »Hot Spot« – so wird die fünfte Kammer des Herzens auch genannt, denn sie kann bis zu 100 °C aufweisen – immer bei uns. Zu ihm haben wir stets freien Zugang. Wir müssen uns lediglich an der höchsten Wahrheit ausrichten, bewusst auf unser Herz hören und der besten Version unseres Selbst folgen.

**Die Stimme unseres Herzens ist oft leise, und unser Verstand ist laut. Lasse dich deshalb immer öfter mit deinem denkenden Verstand in deinen liebenden Herzraum sinken.**

# ÜBUNG:
## Alle Kraft kommt von innen

Erlaube dir, einen Moment innezuhalten. Lege deine Hände auf deinen Herzraum, und tritt bewusst einen Schritt zurück. Nimm deinen Atemrhythmus wahr. Wenn du möchtest, setze dich jetzt, oder bleibe stehen.

Lasse dich von deinem denkenden Verstand in dein Herz hineinsinken. Atme tief ein und aus, und pausiere dann, bis dein Körper von sich aus den nächsten Atemzug verlangt. Wiederhole dies zwei weitere Male. Auf diese Weise erlaubst du deinem Nervensystem, sich zu entspannen.

Folge anschließend wieder deinem ureigenen Atemrhythmus. Stelle dir vor, dass du durch dein Herz hindurchatmest. Wenn dir das schwerfällt, weil du die Position deines Herzens nicht erspüren kannst, visualisiere stattdessen, wie du durch die Mitte deiner Brust atmest. Stelle dir vor, wie du mit jedem Atemzug ganz bewusst das heilige Segenslicht der göttlichen Quelle in dich einlädst, das wundervolle, reine, heilige, erfrischende Segenslicht der Quelle selbst. Beobachte dabei, wie sich dein Herzraum tief entspannt und sich wohlig, weich und weit anfühlt. Alle Belastungen werden jetzt reingewaschen. Nimm wahr, wie sich dein gesamtes Körpersystem immer tiefer entspannt. Lasse deinen Atem weiterhin durch deinen Herzraum strömen. Das Gefühl von Wärme weitet sich in deinem Brustraum aus. Vielleicht kannst du das Gefühl von Grenzenlosigkeit in dir erahnen. Du spürst in dir die Verbundenheit mit allen Wesen sowie ein intensives Gefühl von Dankbarkeit und Liebe.

Atme sanft weiter, und mache dir bewusst: Dein innerstes Wesen ist unantastbar, golden, rein und frei. Du bist ein Impuls des ALLschöpfenden Raumes – gewollt, wichtig, ewig, fließend. Spüre dein inneres Leuchten, und sage innerlich aus vollem Herzen JA dazu. Nimm deine ICH-BIN-

Kraft wahr, und erkenne sie mit aller Demut an. Jetzt kannst du in den unendlich liebenden Raum eintauchen. Hier ist die Liebe bedingungslos. Nimm dieses unbeschreibliche Feld jetzt wahr, und lasse ALLES, was in dir noch blockiert, was im polaren Denken verhaftet ist und nicht frei fließen kann, dort hineinsinken.

Erlaube dir noch einige Atemzüge lang, in dieser Dimension des Göttlichen zu baden. Möge die Liebe des ALLraumes jetzt alles befreien, was nicht dem göttlichen Einheitsfeld dient. Spüre mit all deinen Sinnen, dass du jederzeit aus dem Raum deines Herzens in die ALLverbundenheit eintauchen und aus dem liebenden göttlichen Feld selbst schöpfen kannst.

Lasse zum Abschluss vor deinem inneren Auge die Vision einer befriedeten Welt auftauchen, in der du gern leben möchtest. Erlaube dir, magische Bilder in dir entstehen zu lassen und diese in dir intensiv als wahr und erfüllt zu erleben.

Nimm dir anschließend Zeit, und schreibe auf, welche Vision dich erreicht hat. Wenn du möchtest, tauche noch etwas tiefer in sie ein, und lasse sie in Farben und Formen auf ein weißes Blatt Papier fließen. Fühle und spüre mit all deinen Sinnen: »ICH BIN ein reines Schöpferwesen aus der Mitte meines Seins.«

# ÜBUNG:
## Der fünfte Schöpfungskreis –
## deine Schöpferkraft

Lege den fünften Kreis, wie abgebildet, zu den anderen auf den Boden, und spüre von außen, wo es dich hinzieht. Wo ist die Schöpferkraft in dir? Stelle oder setze dich auf diesen Punkt, und verweile dort eine Zeit lang.

Verbinde dich noch einmal mit deiner Vision einer befriedeten Welt. Spüre oder mache dir bewusst: Sie dehnt sich IN DIR aus. Ganz organisch, ganz magisch. Fühle dich eingebettet in den unendlichen Schöpfungsraum voller Harmonie und Frieden. Verweile in diesem Zustand, solange du möchtest.

# Ein Märchen über die grösste Kraft des Universums

Passend zum Thema dieser Rauhnacht eine wundervolle Legende aus dem Hinduismus: Sie erzählt von den Göttern, die zu entscheiden hatten, wo sie die größte Kraft des Universums verstecken sollten, damit sie der Mensch nicht finden könne, bevor er dazu in der Lage sei, sie verantwortungsbewusst zu gebrauchen. Ein Gott schlug vor, sie auf der Spitze des höchsten Berges zu verstecken, aber die Götter erkannten, dass der Mensch den höchsten Berg ersteigen und die größte Kraft finden würde, bevor er dazu reif sei. Ein anderer Gott sagte: »Lasst uns diese Kraft auf dem Grund des Meeres verstecken.« Aber wieder erkannten sie, dass der Mensch auch diese Region erforschen und die größte Kraft des Universums finden würde, bevor er dazu reif sei. Schließlich sagte der weiseste Gott: »Ich weiß, was zu tun ist. Lasst uns die größte Kraft des Universums im Menschen selbst verstecken. Dort wird er niemals danach suchen, bevor er reif genug ist, den Weg nach innen zu gehen.« Und so versteckten die Götter die größte Kraft des Universums im Menschen selbst. Dort ist sie immer noch und wartet darauf, dass wir sie in Besitz nehmen und weisen Gebrauch von ihr machen.

# 6. Rauhnacht –
# 6. Schöpfungskreis

## 29.12. / 30.12.
### Folge deiner Visionskraft!

# Worauf richtest du deine Aufmerksamkeit?

Die 6 ist die Zahl des Glücks, der Harmonie, des Gleichgewichts und der Kraft. Dies zeigt sich in der geometrischen Figur des Sechssterns, dem Davidstern bzw. dem magischen Hexagramm. Das Hexagramm ist ein uraltes Symbol, das auf sumerischen Tontafeln und im Grundriss von Stonehenge gefunden werden kann. Es ist auch als das Siegel Salomos bekannt. Der Legende nach trug Salomo, der dritte König Israels und Sohn Davids, einen Ring mit einem Hexagramm. Salomo war auch Magier. Mit dem Ring konnte er Dämonen und Geister beherrschen.

Mit dem sechsten Schöpfungskreis beginnen die Visionsimpulse, in uns zu schwingen. Eine Wellenbewegung entsteht, die Energie symbolisiert. Mit dem sechsten Kreis lernen wir, die Energie in uns harmonisch zu lenken. Wir verstehen in der Tiefe, dass die Energie unserer Aufmerksamkeit folgt.

Zumeist wissen wir, was wir im Leben nicht haben wollen. Auf welche Wünsche und Ziele wir unsere Aufmerksamkeit lenken und in welchen Bereichen wir Wunder und Erfüllung erfahren möchten, wissen wir hingegen oft nicht. Nicht selten tragen wir unbewusst noch Muster von Schuld in uns, die es uns z. B. nicht erlauben, erfolgreicher zu sein als unsere Ahnen. Darüber hinaus unterliegen wir täglich unzähligen Einflüssen, von denen uns eine Vielzahl nicht dient. Wenn wir kein Ziel und keine Vision haben, werden wir von den Energien geleitet, die am stärksten in unserem Umfeld wirken. Deshalb ist es wichtig, dass wir lernen, unsere eigene Energie bewusst zu lenken und ihr Raum zu geben – denn dann werden wir tiefen Frieden in uns erfahren und wahre Freude erleben können.

Die 6 sehnt sich nach Veränderung, sie will Altes mit Neuem verbinden und eigene Regeln aufstellen. Doch dabei dürfen wir Vorsicht walten lassen, da zu viel Veränderung Chaos erzeugen und uns dadurch verwirren kann.

Weißt du bereits, was deine Vision vom Leben ist? Dann bleibe gedanklich klar darauf ausgerichtet! Spürst du Zweifel an dem Erfolg deiner Vision? Dann gib deinem inneren Kritiker, deiner inneren Zweiflerin keinen Raum mehr. Das stabile Fundament in dir ist längst geschaffen. Jetzt darfst du lernen, von diesem Punkt aus zu schöpfen und deine Energie bewusst zu lenken.

**Hier ein paar Tipps dazu:**
- Konzentriere dich auf das, was du kontrollieren kannst. Manche Dinge und Situationen können nicht verändert werden. Lenke stattdessen deinen Blick auf die Lösung. Erlaube dir, einfache Lösungen in dein Bewusstsein fließen zu lassen. Lasse deinen Verstand in den Hintergrund rücken, und gib der höheren Ordnung Raum.
- Verabschiede dich von der Perfektion. Höre auf, dich mit anderen zu vergleichen. Verlasse dich stattdessen auf den sicheren Punkt in dir, deine fünfte Herzkammer.
- Lasse im Zweifel Visionen ziehen, halte nicht an ihnen fest. Andernfalls ist an dieser Stelle wertvolle Energie blockiert. Manchmal ist es wichtig, zu erkennen, wovon du dich lösen darfst - vorübergehend oder auch für immer. Tue dies dann auch wirklich!

**Das, worauf du deine Aufmerksamkeit richtest, verstärkt sich.**

# ÜBUNG:
## Energie folgt der Aufmerksamkeit

Es ist wohl eine der wichtigsten Erkenntnisse im Leben, dass der Wandel die einzige Konstante ist. Die Frage ist: In welcher Energie willst du diesen Wandel vollziehen? Schwingst du auf der Frequenz der Liebe, des Friedens, der Freude, der unbegrenzten Möglichkeiten?

Schließe deine Augen, und nimm die Energiebewegungen in dir wahr. Welche (Lebens-)Muster erkennst du? Sind es krank machende Lebensumstände, Routinen, die dich am Wachstum hindern? Entdeckst du Gedankenmuster, die dich binden, Traumata, die gelöst werden wollen?

Lasse Bilder und Situationen, die dich begrenzen und am freien Schwingen hindern, vor deinem inneren Auge auftauchen, und nimm sanft atmend all deine Körperempfindungen wahr. Spüre, wo du eng, verkrampft, starr oder ohnmächtig bist, und erlaube dir, dort weich und weit zu werden. Bleibe sanft und präsent in dir, atme, nimm wahr. Spüre, wie sich das Gefühl von Weite in dir ausdehnt, und richte deine Aufmerksamkeit jetzt ganz auf Entspannung aus.

Mit jedem Atemzug nähre den Gedanken: »ICH BIN jetzt weit und entspannt und auf den Segen des geistigen Raumes ausgerichtet.« Und mit dem Ausatmen nimm wahr, wie sich die Weite, die Entspannung und die Kraft des Segens immer mehr in dir ausbreiten.

Verharre sanft atmend einige Minuten in dieser Energie des Segens. Verbinde dich immer tiefer mit der reinen, strahlenden Kraft, und nimm wahr, wie sich die Felder in deinem System bereinigen, Angelegenheiten sich klären und alles tief in die Harmonie des Kosmos eintaucht.

Fühle die göttliche Gegenwart, und danke für alle Geschenke und Segnungen, die einfach und leicht in dein Leben fließen. Bedanke dich dafür, dass sich alles nach dem göttlichen Plan entfaltet. Fühle die Dankbarkeit in all deinen Zellen. Spüre dein von Dankbarkeit erfülltes SEIN als frei schwingende Energiewelle IN DIR.

Öffne nun langsam wieder deine Augen, und nimm dir noch etwas Zeit zum Nachsinnen. Beginne, aus dem Vollen zu schöpfen.

**DU BIST FÜLLE.**
**Wenn DU als FÜLLE**
**der Fülle FÜLLE entnimmst,**
**bleibt FÜLLE zurück.**

Nimm ein Notizbuch zur Hand, und notiere, welche Visionen JETZT in dir aufsteigen. Beschränke dich nicht. Lasse alles aus dir fließen – schöpfe aus dem Fülle-Bewusstsein. Vielleicht entstehen Bilder in dir, die du aufs Papier bringen möchtest. Erlaube dir, tiefer zu gehen und z. B. mit Farben intensiver in deine Vision einzutauchen. Schaue, was sich zeigen will.

Wenn du möchtest, kreiere ein Visionboard, auf dem du deine Ziele und Visionen in Bildern und Worten festhältst. Wenn du die Rauhnächte normalerweise allein begehst, lade heute deine Kinder, Enkelkinder oder Freunde ein, mit dir gemeinsam zu kreieren. Inspiriert einander in eurem künstlerischen Ausdruck. Zusammen könnt ihr noch größere Visionen schöpfen.

Schreibe zuletzt auf, was du im kommenden Jahr alles erleben möchtest, und spüre es so lebendig in dir, als wäre es schon in Erfüllung gegangen. Wenn du die Erfüllung deiner Visionen bereits fühlen kannst, dann kannst du deine Wünsche und Träume auch in dein Leben rufen. Du wirst immer anziehender für die ERFÜLLUNG.

# ÜBUNG:
## Der sechste Schöpfungskreis –
## Wellen und Energie erzeugen

Lege den sechsten Kreis, wie abgebildet, zu den anderen auf den Boden. Betrachte die Kreise von außen.

Wo spürst du die Wellenbewegungen, die Energiebewegungen deiner Vision am intensivsten? Stelle oder setze dich genau an diesen Punkt. Erlaube dir, tief einzutauchen in die Wellenbewegungen deines Lebens, und erkenne die Schöpferkraft darin.

Lasse deine Ziele, Wünsche und Träume noch einmal vor deinem inneren Auge auftauchen, und schwinge mit ihnen. Sei dir bewusst, dass das Einheitsfeld alles unterstützt, was dem Wohle des Gesamten dient und was deine eigene Seelenkraft sich noch tiefer in aller Vielfalt ausdrücken lässt. Genieße diesen Zustand, solange du möchtest.

# 7. Rauhnacht – 7. Schöpfungskreis

## 30.12. / 31.12.

Das erste Schöpfungsmuster
ist vollendet.

# Übergang vom Alten in das Neue – etwas kommt in Bewegung

Mit der siebenten Rauhnacht vollendet sich der erste Kreis, das erste vollständige Schöpfungsmuster entsteht. Die Seele tänzelt um den Ursprungskreis herum, bis schließlich der siebente Kreis den zweiten schneidet und der Same des Lebens sich zeigt. Auch das Jahr vollendet sich mit der siebenten Rauhnacht am 31. Dezember. Wir blicken auf das alte Jahr zurück und fiebern dem Neuen entgegen. In dieser Zwischenzeit spüren wir bereits die einsetzende Kraft, die sich mit dem nahenden Übergang ins neue Jahr entfalten möchte.

Der Same des Lebens, auch »Genesismuster« genannt, ist ein harmonisches, vollkommenes und kraftvolles Muster, das den Entwurf des Universums enthält. Die 7 Kreise des Samens des Lebens können daher auch für die 7 Schöpfungstage nach dem Buch Mose stehen. Die Zahl 7 symbolisiert außerdem Schutz, Segen, Fruchtbarkeit sowie die Kraft unseres Selbst, die aus dem Kern im Inneren leuchtet und nie zerstört werden kann. Mit der 7 beginnen wir eine eigene Bewegung, durch die wir aus dem Zustand der Ganzheit und Harmonie schöpfen können.

In den meisten spirituellen Lehren gilt die 7 als heilige Zahl. Auch in unserem Alltag begegnet sie uns häufig:
- 7 Chakras bzw. die 7 Energiezentren des Körpers
- 7 Tage der Schöpfung
- 7 Farben des Regenbogens
- 7 Laster und 7 Tugenden
- 7 Weltwunder
- sprichwörtlich »auf Wolke sieben schweben«, »seine sieben Sachen packen«
- 7 als Glückszahl
- 7 Wochentage
- 7-Jahres-Zyklen der menschlichen Entwicklung
- In Märchen ist die 7 häufig zu finden: Die sieben Geißlein, die sieben Zwerge, die sieben Raben, Sieben auf einen Streich …

Die 7 gehört zur Venus. Diese verkörpert den Genuss, die Freude, die Kunst und die Harmonie. Unter dem Einfluss der Venus folgen wir dem künstlerischen Prinzip, das jedoch nicht unbedingt die praktischen Aspekte des Lebens widerspiegelt. Daher dürfen wir unter ihrer Macht aufpassen, uns keinen Luftschlössern hinzugeben. Zu den Venusaspekten gehört alles Natürliche, das Fruchtbare, Wachstum und Gedeihen und das Üppige. Hier wird alles in eine gute Balance gebracht.

Drehen wir den Samen des Lebens um seine eigene Achse, ergibt sich der Lotos des Lebens, der einen von oben betrachteten Torus verkörpert. Der Torus hat in der Dreidimensionalität die Form eines Donuts. Er offenbart den Energiefluss eines jeden Körpers auf energetischer Ebene. Von der menschlichen Aura bis zum Magnetfeld unserer Erde fließt die Energie in Form eines Torus.

   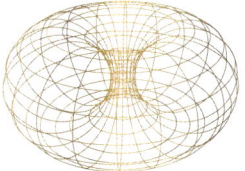

In dieser Rauhnacht kommt etwas in Bewegung. Jeder Übergang eröffnet neue Möglichkeiten. Nutze diese Nacht der Vollendung zur Energieaufladung, um Kraft für das Neue zu schöpfen, das vor dir liegt.

# ÜBUNG:
## Der siebente Schöpfungskreis – Kraft für das Neue schöpfen

Lege zu den Kreisen deiner Blume des Lebens einen siebenten Kreis auf den Boden, und betrachte das erste vollendete Schöpfungsmuster. Werde dir bewusst, dass dieses Schöpfungsmuster in jeder deiner Zellen zu finden ist. DU bist perfekt, so, wie DU bist. Hier gibt es nichts hinzuzufügen. Atme sanft ein und aus. Nimm wahr. Bleibe präsent.

Stelle dich nun in den ersten vollendeten Kreis, in die Mitte des Samens des Lebens. Betrachte den ersten vollendeten Wirbel, und nimm Atemzug für Atemzug DEINE eigene Mitte immer tiefer wahr. Spüre, wie aus diesem Zentrum heraus Bewegung und Rotation in dir entstehen. Von hier aus kann sich deine ganze Kraft auf harmonische und vollkommene Weise entfalten.

Atme sanft, und spüre den Schutz und den Segen, die von dieser Mitte ausgehen, sowie die Kraft deines Selbst, die aus deinem Inneren erstrahlt. Nimm die Schöpfung wahr, in die du ganz natürlich eingewoben bist. Genieße diesen Zustand der Ganzheit und Harmonie und die Bewegung, die jetzt durch dein Sein einsetzt. Nimm deine Körperempfindungen wahr. Erlaube dir, dich selbst in diesem Augenblick als weit, leicht und strahlend zu erleben, und spüre, wo in deinem Körper du dies besonders wahrnimmst. Erlaube dir, von diesem Körperpunkt aus diese Empfindungen in dein ganzes Zellsystem hineinfließen zu lassen und darin zu spüren. Fühle die Lebendigkeit in dir, und genieße sie.

Deine Lebenskraft will sich entfalten. Deine Seele möchte, dass du dich als lebendiges, aktives Wesen erfährst. Dank dieser Energie wirst du Neues kreieren. Immer und immer wieder.

Verändere nun deinen Stand, indem du deine Beinen öffnest. Hebe deine Arme über deinen Kopf, und öffne sie genauso weit wie deine Beine. Spüre, wie sich diese Haltung anfühlt.

Führe dann die Arme mit einem tiefen Atemstoß kraftvoll und ganz bewusst in einer Kreisbewegung nach unten – du glättest auf diese Weise dein Aurafeld.

Bringe anschließend deine Hände vor deinem Herzen in der Gebetshaltung zusammen. Halte einen Moment inne, und führe dann mit einem bewussten Atemzug deine geschlossenen Hände senkrecht nach oben.

Mit dem Ausatmen öffne deine Hände, und streiche nochmals mit gestreckten Armen seitlich kraftvoll nach unten, und komme dann wieder in der Gebetshaltung an. Atme kurz durch, und spüre nach.

Wiederhole diese Bewegung insgesamt sieben Mal, und spüre den Kraftgewinn in deinem Körper und auf Zellebene. Genieße ihn. Du bist jetzt mit Energie aufgeladen und kannst jede Begegnung und Herausforderung gut meistern.

Wenn du möchtest, lasse diese Übung zu deiner täglichen Routine werden.

*ALLES Lebendige besitzt ein Energiefeld,*
*ein Informationsfeld, ein Magnetfeld,*
*in dem die Energie zirkuliert.*
*Auch der Mensch ist ein elektromagnetisches*
*Wesen mit einem entsprechenden Feld.*
*Komme in die Bewegung.*

# 8. Rauhnacht –
# 8. Schöpfungskreis

## 31.12. / 1.1.

### Die nächste Dimension entfaltet sich.

# Dein Vorsatz für das neue Jahr

Das neue Jahr ist da! Diese Rauhnacht ist der ideale Zeitpunkt für gute Vorsätze. Bist du bereit, dir selbst das Versprechen zu geben, deine Kraft nicht mehr zurückzunehmen, sie sich immer weiter entfalten zu lassen und es auf diese Weise der Schöpfung gleichzutun? Bist du bereit, dich weiterzuentwickeln in dem Bewusstsein, dass du in dein Schöpfungsmuster, in das liebende Schöpfungsfeld eingewoben bist, das sich immer wieder neu webt.

In der achten Rauhnacht geht es um die Erkenntnis, dass der Erfolg uns nicht einfach in den Schoß fällt. Wir machen uns bewusst, dass wir für die Erfüllung unserer Sehnsüchte und unsere Erfolge etwas tun müssen, dass wir bereit sein müssen, uns wahrhaft einzubringen. Wir dürfen uns in Ausgewogenheit üben, darin, nicht alles perfekt machen zu wollen und doch alles zu geben. Es geht mit dem achten Schöpfungskreis auch darum, nachsichtig mit sich selbst zu sein und zu lernen, um Unterstützung bitten zu dürfen und in der Gemeinschaft das Beste zu erreichen.

Die 8 weist uns als Symbol der Unendlichkeit auf die Fülle im göttlichen Schöpfungsraum hin, die immer für uns zugänglich ist.

# Die Legung in der achten Rauhnacht

Mit dem siebenten Schöpfungskreis hast du den perfekten Samen des Lebens erschaffen. Ein Zyklus ist vollendet. Dafür steht die 7. Im Folgenden weiten wir den Schöpfungsprozess aus. Symbolisch wird dafür der Same »zerstört«, um mit der Energie der 8 in den unendlichen Raum der Schöpfung einzutauchen und auf dem Fundament des perfekt angelegten Samens des Lebens weiterzuschöpfen.

Lege dafür die sieben bestehenden Kreise neu. Um den Ursprungskreis im Zentrum lege die sechs äußeren Kreise, aber dieses Mal, ohne dass

sie sich überlappen. Diese Form ist dein neues Ausgangsmuster, anhand dessen sich alles Weitere entfaltet.

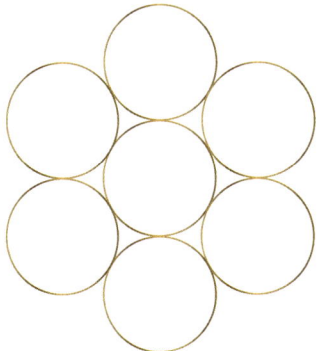

Im Leben scheint es manchmal so, als würde etwas Liebgewonnenes für immer zerstört. Wenn wir dann einige Zeit später darauf zurückblicken, ist auf ebendiesem Boden ein üppiges blühendes Feld entstanden. Der perfekte Same, den wir in den ersten sieben Rauhnächten angelegt haben, geht nicht verloren. Auf der nächsten Ebene verstärkt er seine Strahlkraft und Energie dank weiterer göttlicher Impulse um eine Vielfaches.

**Fragen zur Reflexion:**
- In welchem Bereich meines Lebens habe ich schon einmal eine Art Zerstörung erlebt, die sich im Nachhinein als Wachstumsschub erwiesen hat?
- Wie viel Neugier, Flexibilität und Abenteuerlust braucht es, damit ich aus meiner Komfortzone heraustrete?

# ÜBUNG:
## Der achte Schöpfungskreis –
## ein Versprechen an dich selbst

Lege den achten Schöpfungskreis an einen der sechs äußeren Kreise an. Welchen Kreis du als Ausgangsposition wählst, ist dir überlassen.

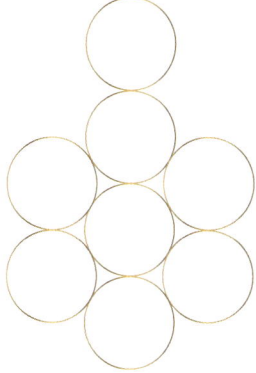

Spüre, wie du allein durch das Anlegen des Kreises jetzt in die Entfaltung gehst, allein durch deine Bereitschaft, JETZT weiterzugehen.

Bist du bereit, dir selbst ein Versprechen zu geben? Welches ist es?

**Fragen, die dich unterstützen können:**
- Was sind meine tiefsten Sehnsüchte?
- Was möchte ich leben?
- Wie viel Energie bin ich bereit, für meine Wunscherfüllung aufzubringen?

Schreibe ganz konkret auf, welche Schritte täglich zu tun sind, um jetzt weitergehen und dein Versprechen an dich selbst halten zu können. Möchtest du z. B. fitter werden? Was genau musst du dafür täglich tun? Gesündere Ernährung, mehr Sport und Bewegung …?

Du musst nicht sofort all deine Ideen umsetzen. Es genügt, wenn du eine nach der anderen in deinen Alltag integrierst. Gib dir selbst das Versprechen, deine Liste nach drei Monaten zu überarbeiten und dir weitere Veränderungen vorzunehmen. Manchmal braucht es eine neue Aussaat.

Lasse dich von Rückschlägen nicht aufhalten. Mache immer weiter – für dich und das Erreichen deiner Ziele. Nimm dich selbst ernst, und packe die Gelegenheit beim Schopf. Der achte Kreis bringt dir die rechte Balance: Sei nicht zu streng mit dir, doch gib auch nicht auf. Stehe für DICH ein, und bleibe zielgerichtet. Damit bist DU auch ein Segen für DEIN Umfeld. Du bist ein Leuchtturm für andere, und gleichzeitig entfaltest du dein Sein entsprechend DEINER Seele. Du übernimmst Verantwortung für dich und hältst dich nicht mehr selbst mit allen möglichen Ausreden von einem erfüllten Leben ab. So erlangst du tiefen inneren Frieden.

Stelle dich jetzt in diesen achten Kreis. Gib dir selbst das Versprechen, dich immer wieder auszurichten und dir keine Ausflüchte mehr zu erlauben. Dann sprich laut zu dir: »Ab heute bin ICH bereit …«

Notiere deine Worte auf einem Zettel, und erinnere dich jeden Morgen, Mittag und Abend an dein Versprechen. Klebe den Zettel dafür an deinen Spiegel, lege ihn an dein Bett oder in deinen Geldbeutel. Vielleicht magst du dir auch einen Ring oder eine Kette zulegen, der oder die dich an dein Versprechen erinnert.

*Wenn du das, was du tust, so gut machst,*
*wie du kannst – mit all deiner Liebe –,*
*dann drückst du dich wahrhaft aus und*
*beschenkst dich und dein Feld mit deinem*
*unvergleichlichen göttlichen Ausdruck.*
*Lasse dies zu deiner Gewohnheit werden.*

# 9. Rauhnacht –
# 9. Schöpfungskreis

## 1.1. / 2.1.

### Schließe wahrhaft ab!

# Was ist noch unerledigt?

Mit dem neunten Schöpfungskreis vollendet sich etwas. Die 9 steht für Vollkommenheit. Sie kann mit jeder beliebigen Zahl multipliziert werden, und die Quersumme ergibt immer 9. Ein Kreis hat 360 Grad, auch davon ist die Quersumme 9. Jesus starb in der 9. Stunde.

Widme dich heute den Dingen, die noch unerledigt sind und die dich am Aufblühen, am Wachstum hindern. Oft sind wir uns dessen nicht bewusst. Die Erkenntnis, wer du wirklich bist, und die Erlösung dessen, was der Entfaltung deines Seelenpfads im Weg steht, verwandeln dein Leben. Diesen Weg bewusst zu gehen, bedeutet, die Magie ins Leben einzuladen. Es gibt nichts Schöneres, als zu der oder dem zu werden, der oder die du in deinem innersten Kern wirklich bist.

**Frage dich immer wieder:**
- Unterstützen mich diese Orte, Begegnungen, Menschen, Filme, Bücher, Lieder auf meinem Weg, und beschenken sie mich mit der Energie, die mich auflädt, erfüllt, freudig sein und Leichtigkeit spüren lässt?
- Wie kann ich in meinem Umfeld zu Freude, Leichtigkeit und Verbundenheit beitragen?

Mache dir heute bewusst: Wenn du ein bestimmtes Ziel erreichen möchtest, darfst du dich jetzt schon in der Energie des Erfolges aufhalten und die Gefühle in dir aktivieren, die damit zusammenhängen.

Wie fühlt sich für DICH ein erfülltes und erfolgreiches Leben an? Erlaube diesem Gefühl IN dir, sich auszudehnen. Wie fühlt es sich an, und bist du in der Lage, ihm den nötigen Raum zu geben?

Erlaube dir immer öfter, das Gefühl in dir zu spüren, gleich, in welcher Situation du dich befindest. Selbst in den schwierigsten Momenten deines Lebens darfst du dich leicht und verbunden fühlen. Dies ist kein Widerspruch, wir haben es lediglich irgendwann zum Widerspruch erklärt. Wir haben gelernt: Probleme sind schwer, nicht leicht zu lösen …

Verändere JETZT dein Denken darüber, und überschreibe deine Glaubenssätze mit positiven Gefühlen der Verbundenheit.

# ÜBUNG:
## Der neunte Schöpfungskreis – dein Heilritual

Lege den neunten Kreis an den nächsten der sechs inneren Kreise an. Gehe dabei, vom achten Kreis ausgehend, im Uhrzeigersinn vor, um Energie aufzubauen.

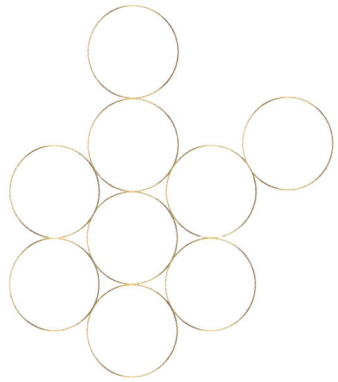

Stelle dich in diesen Kreis, und lasse Situationen und Menschen vor deinem inneren Auge erscheinen, mit denen du noch nicht im Frieden bist.

**Frage dich:**
- Womit bin ich noch nicht im Reinen?
- Was ist noch nicht vollständig vergeben?

Um wahrhaft NEUES erfahren zu können, ist es wichtig, mit den unerlösten Lebensabschnitten in dir ins Reine zu kommen – sie gut abzuschließen. Nur dort, wo du Ordnung schaffst, kann etwas Neues entstehen. Sieh daher dorthin, wo noch offene Felder sind, die noch nicht befriedet sind. Vergebung ist ein Geschenk, das du vor allem dir selbst machst. Für dein Wachstum, für deine Freiheit.

Du kannst im Kreis stehen bleiben oder dich hineinsetzen. Oder du suchst dir einen ungestörten Platz, um Frieden in dir zu schaffen.

Atme sanft, und lade die Situation oder den Menschen, um die oder den es geht, ein, in deinen heiligen Raum der Vergebung zu kommen. Dieser Raum steht mit dem Göttlichen in Verbindung. Lade ebenfalls die Violette Flamme der Transformation und Erzengel Michael ein, und bitte sie, diesen Prozess kraftvoll zu unterstützen.

Sprich innerlich oder laut: »Danke, dass du gekommen bist, um jetzt Freiheit und Frieden in mir auszudehnen. Danke, ohne dich hätte ich mich selbst nicht durchschaut. Ich öffne mich jetzt für den Gedanken, dass ich dieses Thema schon sehr viel länger in mir trage. Durch dich erkenne ich, dass hier noch etwas heilen möchte.«

**Sage jetzt innerlich oder laut:**
**»Es tut mir leid.«**

Wisse, mit diesem Ausspruch übernimmst du die volle Verantwortung für die Gefühle, die durch diese Situation, durch diesen Menschen in dir ausgelöst wurden und die du in dir trägst. Du machst dir bewusst: »ICH BIN der Schöpfer, die Schöpferin meines Lebens.« Du hast lediglich vergessen, dass du und dein Gegenüber aus derselben Quelle stammt. Das bedeutet nicht, dass alle Verletzungen okay sind und du dir alles gefallen lassen musst. DU übernimmst an dieser Stelle die Verantwortung für DEINEN Teil – vor allem für DEINE Gefühle.

Stelle dich jetzt deiner Bereitschaft, die ausgelösten unangenehmen Gefühle als körperliche Empfindungen in dir wahrzunehmen. SO, wie sie sind. OHNE sie verändern zu wollen. Sei bereit, weich und offen zu werden für alle deine Gefühle. Spüre, was JETZT geschieht.

Spüre die Weite, die Öffnung in deinem Herzraum und deinem ganzen Körper. Falls du Widerstand in dir wahrnimmst, öffne dich für ihn. Es ist

DEIN Widerstand. Er will gesehen und gewürdigt werden, bevor er sich auflösen kann.

Spüre deine Bereitschaft, das Thema, die Situation, das Gefühl dem Fluss des Lebens zu übergeben, es dem ALLliebenden Feld selbst zu überreichen, NICHTS mehr verändern zu wollen. Weich werdend. Liebend. In dem Wissen: »ICH und DU, wir sind die Schöpfer.«

Spüre deinen Willen, den Segen des Höchsten zu empfangen und weiterfließen zu lassen, zu ALLEM Unerlösten. Nimm wahr, wie sich die Verstrickungen und Schnüre lösen. Nur das, was frei in der Liebe schwingt, bleibt bestehen.

Sieh vor deinem inneren Auge, wie auf diesem Grund JETZT die Felder des NEUEN erblühen. Sieh hin, was bleibt, und sage dem Vergangenen voller Frieden Danke und Lebewohl.

**Sage jetzt innerlich oder laut:**
**»Mein Frieden segnet DICH. Meine Liebe lässt DICH sein.**
**Ich gebe alles, was sich in mir noch nach Liebe**
**und Frieden sehnt, in den Raum der Liebe.**
**Ich öffne mich dafür, freizugeben,**
**und ich öffne mich für die Liebe zu mir,**
**durch die ich selbst zur LIEBE werde.**
**DANKE für alle Erfahrungen. Ich schöpfe JETZT NEU.«**

Lasse wundervolle Bilder von deiner Neuschöpfung in dir erstehen, und segne sie. Spüre sie mit jeder einzelnen Körperzelle.

Wenn du merkst, dass es getan ist, bedanke dich, und kehre zurück in deinen Alltag.

# 10. Rauhnacht –
# 10. Schöpfungskreis

## 2.1. / 3.1.

Tauche in deine Schöpfung ein.

# Was willst du schöpfen?

In der zehnten Rauhnacht und mit dem zehnten Schöpfungskreis gehen wir energetisch in die Freiheit. Hier ist alles im Wandel. Die 10 schenkt Halt und Orientierung, steht für bewusste Meisterschaft und stellt zugleich eine magische Grenze dar. Wir machen uns jetzt innerlich weit, um diese Grenze mit all unserer Visionskraft, unserer ganzen Tatkraft und Liebe zu überschreiten.

**In vielen Kulturen hat die 10 eine besondere Bedeutung:**
- Unser Dezimalsystem begründet sich auf der 10 und geht zurück auf das Zählen mit zehn Fingern.
- Die 10 Gebote, die Moses empfangen hat, gelten im Judentum und in den christlichen Kirchen als Schlüssel zu einer gelungenen Lebensgestaltung.
- Mit den 10 biblischen Plagen setzte Gott Himmel und Erde in Bewegung, um den Aufbruch in das Gelobte Land zu ermöglichen.
- Der 10. Teil des Ertrags von Korn, Wein oder Öl wurde bis ins 19. Jahrhundert hinein als Steuer entrichtet.
- 10 Himmelsstämme kennt die chinesische Astrologie.
- Die 10 Betrachtungen sind buddhistische Meditationsthemen.

Die 1 ist die Zahl des Neuen, mit ihr beginnt alle Manifestation. Sie ist die Energie, die jegliche Aktionen in Gang setzt und den Weg in eine neue Richtung weist. Neue Ideen, neue Projekte, neue Visionen oder der Wunsch nach Expansion sind Attribute der 1. Die 0 verstärkt und vergrößert die Schwingungen, Energien und Eigenschaften des Angestoßenen.

Die 10 ist die Zahl, aus der alles kommt und in die alles zurückkehren muss. Ihre Entsprechung im hebräischen Alphabet Jod gilt als der geheimnisvollste aller Buchstaben. Die 10 steht für den Beginn neuer Lektionen. Sie fordert uns auf, die Verantwortung und Führung in unserem Leben zu übernehmen, den Schöpfungsprozess selbst anzustoßen – im Einklang mit dem Großen Ganzen.

# ÜBUNG:

## Der zehnte Schöpfungskreis – das Paradies in dir

Lege den zehnten Kreis an den nächsten der sechs inneren Kreise an. Stelle dich in diesen hinein. Nimm deine Hände vor deinem Herzen in die Gebetshaltung. Mit dieser bewussten Haltung bringst du die männlichen und weiblichen Anteile in dir in Balance.

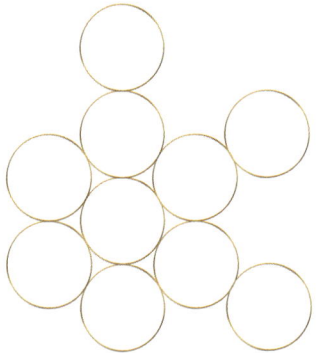

Während du sanft atmest, werde dir bewusst, welcher der beiden Anteile gerade mehr Raum in dir einnimmt. In welchem Pol bist du gerade stärker anwesend? Gib dem anderen Pol jetzt ausdrücklich mehr Raum. Überlege, was es dafür braucht. Welche Unterstützung benötigst du? Sei dir selbst gegenüber hingebungsvoll zugewandt. Und wisse, IN dir ist ALLES für DICH schon perfekt angelegt, du darfst lediglich lernen, mit dir selbst in Kontakt zu treten. Lasse dir Zeit für den inneren Ausgleich. Atme sanft und bewusst, während du deinen Körper wahrnimmst.

Dann sprich laut: »Ich bin gewollt, kein Kind des Zufalls. Ich bin geliebt. Ich bin angenommen. Ich werde gesehen. Ich bin beschützt. Ich bin gesegnet.«

Setze dich jetzt bequem in den Kreis oder an einen Platz deiner Wahl. Schließe deine Augen, und denke an deine Vision.

Begib dich nun gedanklich an einen paradiesischen Ort in dir. Erlaube dir, dich auf deine ganz eigene Paradiesschwingung einzustellen und dich auf diese Weise immer weiter für neue Ebenen in dir zu öffnen. Nimm jetzt bewusst mit all deinen Zellen den Himmel in dir wahr. Wie fühlt sich dein Körpersystem in diesem Augenblick an?

Nimm diesen himmlischen Ort in dir mit all deinen Sinnen wahr. Wie sieht dein inneres Paradies aus? In welchem Bereich an diesem Ort fühlst du dich vollkommen geborgen und sicher? Welche Gerüche, Formen, Farben und Geräusche nimmst du wahr? Visualisiere dein inneres Paradies so lebendig wie möglich.

Du weißt, es gibt noch Dinge, die dich belasten und beschweren. Ein See in der Ferne lädt dich ein, zu ihm zu kommen. Du legst deine Kleidung am Ufer des Sees ab und begibst dich in das kristallklare Wasser. Du spürst, wie silbernes Licht durch deine Haut in dein Zellsystem dringt und du ganz sanft und gleichzeitig sehr kraftvoll von diesem Licht gereinigt wirst. Wenn du jetzt spürst, dass es noch immer schwere Anliegen oder Themen in dir gibt, bitte den Violetten Strahl und seine Lenker, dich zu klären.

Nimm wahr, wie es in dir immer leichter wird und du dich mit jedem Atemzug freier und freudvoller fühlst. Mache dir bewusst, dass sich das Alte auf leichte Weise lösen darf. Bade noch etwas in dieser Frequenz von Leichtigkeit und Reinheit.

Wenn du so weit bist, komme aus dem Wasser. Ein wunderschönes Lichtwesen steht bereit und hilft dir heraus. Du erhältst frische weiß-goldene Kleidung, und du spürst, dass du in eine ganz neue Frequenz von Fülle und Wohlstand eingehüllt bist. Fühle diese Energie ganz bewusst, und tauche mit einigen Atemzügen tiefer in sie hinein. Spüre die Weite deines Herzens, und nimm auf deine Weise wahr, wie weit dein Lichtkörper sich ausgedehnt hat. Gleichzeitig spürst du, wie er sich noch immer ganz leicht weiter ausdehnt.

Richte deine Aufmerksamkeit nun wieder auf das Paradies in dir. Wie hat sich deine Vision verändert? Vielleicht kannst du vermehrt Lichtwesen wie Naturwesen, Lichtengel oder Krafttiere wahrnehmen. Spüre, wie sich die Plätze in deinem Paradies weiter lichtvoll anheben. Vielleicht kannst du die Bilder immer stärker visuell wahrnehmen und dich tiefer auf sie einlassen. Erfahre die Energie des Paradieses mit jeder Zelle. Lasse dich davon durchfluten und alle deine Organe damit aufladen.

Du nimmst wahr, wie unglaublich viele Lichtwesen einen Kreis um dich bilden. Sie sind dir alle zugewandt. Spüre, wie sehr du von ihnen geliebt wirst und wie sehr sie deine Anwesenheit genießen.

Nimm wahr, wie Glückseligkeit sich in dir ausdehnt. Instinktiv weißt du, dass diese Lichtwesen einem Hohen Rat angehören, mit dem du immer in Kontakt kommen kannst und der dir mit seiner Energie und seinem Rat zur Seite steht.

Gehe mit den Lichtwesen jetzt auf deine Weise über deinen Herzraum in Kommunikation. Vielleicht empfängst du Bilder, Worte oder Gefühle, oder du weißt einfach, was jetzt zu tun ist, um deine Vision in die Wirklichkeit treten zu lassen. Erlaube dir, wahrhaft alles zu verstehen, was dir übermittelt wird.

Stelle deine Fragen, und lausche den Antworten, die in unterschiedlicher Form zu dir gelangen. Speichere die nährenden, freudvollen und wärmenden Gefühle der Glückseligkeit in all deinen Zellen.

Komme langsam wieder zu dir, öffne deine Augen, und notiere alle Informationen, die für dich wichtig waren. Wenn du Lust hast, male zusätzlich ein Bild. Gib dich ganz dem kreativen Fluss hin.

*Du trägst das reine Licht IN dir
und kannst diesen paradiesischen Zustand
auf die Erde bringen.*

# 11. Rauhnacht –
# 11. Schöpferkreis

### 3.1. / 4.1.

## Meistere dich selbst!

# Bist du bereit, reichhaltigen Segen in dein Leben fliessen zu lassen?

In der elften Rauhnacht meisterst du dich selbst und erlebst deine ureigene Magie. Alles, was du dafür tun musst, ist, dich auf deine Selbstmeisterung einzulassen. Es ist an der Zeit, dich mit der Weisheit deiner Seele rück-zuverbinden und dich von der Kraft des Universums inspirieren zu lassen. Du bist nicht länger auf deinen Willen ausgerichtet, sondern auf den natürlich fließenden, reichhaltigen Segensfluss des Kosmos. Deine klare Ausrichtung ist gefragt, um diesen auf der Erde zu manifestieren. Es geht darum, das Beste aus allen Situationen zu schöpfen, auch aus den schwie-rigen.

Im elften Schöpfungskreis erhältst du die Kraft, die Grenzen deines Ver-standes auszudehnen und aus deiner Seelenkraft heraus zu schöpfen. Wenn du bereit bist, dich zu öffnen und zu empfangen, wirst du wahrlich von kosmischen Inspirationen geküsst. Dies ist die Zeit, wahrhaft in die Umsetzung zu gehen. Dazu gilt es, die Inspirationen einerseits zu empfan-gen und andererseits auf die Erde zu bringen – sie ins Leben einzuweben. Werde zum Meister, zur Meisterin deiner selbst – zu deinem persönlichen Lebensmeister, deiner persönlichen Lebensmeisterin. So bist du eine Be-reicherung für alle, die sich von dir inspirieren lassen, und deine Energie dehnt sich wie magisch aus. Alles, was du gibst und ins Feld sendest, fließt mannigfach zu dir zurück.

Führe ein demütiges Leben im Scheinwerferlicht. Teile deine Erkenntnisse. Sei eine Inspiration für andere, nicht nur, weil du weißt, dass es sich positiv auf dich auswirkt, sondern weil du ein freigiebiges Wesen bist, das gern gibt. Befreie dich vom alten Paradigma, und beginne, ganz neu zu schöpfen. Schöpfe aus deinem wahren Selbst heraus!

Richte dich energetisch aus, bevor du in die Handlung oder Manifestation gehst! Wenn du etwas willst, bist du, energetisch gesehen, nicht in deinem Körper, nicht in deiner Kraft und nicht präsent. Dann kreierst du nicht aus deinem Kraftzentrum heraus. Stattdessen manifestierst du aus deinem zersplitterten Selbst, aus deiner Bedürftigkeit, aus deinem Verstand heraus.

Energetisch ausgerichtet zu sein, bedeutet, im Körper präsent zu sein mit einem geöffneten Herzraum sowie mit einem weiten und weichen Hüftbereich, Bauchraum und Nabel – dem Zentrum deiner Kraft. Gleichzeitig bist du mit deinem Verstand verbunden, der genauso weit und leicht sein darf. Erlaube dir, von den Haarspitzen bis in die Fußsohlen, in jeder Zelle offen, lebendig und weit zu sein. Dies ist deine Ursprungsenergie, die Energie, die am höchsten schwingt.

**Aus deiner Körperpräsenz heraus zu manifestieren, ist die einfachste Möglichkeit, in Verbindung mit deinem Hohen Selbst zu kreieren. Es ist möglich, deine Energie NUR im Körper auszurichten – das heißt nicht, dass du dein Körper bist, sondern nur, dass du deine Energie darin bewegst.**

In sehr hohen Frequenzen manifestieren wir sehr leicht. Hier spüren wir genau, was wirklich ansteht. Wir haben keine konditionierten Bedürfnisse mehr, sind nicht manipulierbar, auch nicht von uns selbst. Wir sind in der Energie unseres Hohen Selbst und an das Große Ganze angebunden. Wir spüren und wissen: Es ist das möglich, was wirklich ansteht und vom göttlichen Plan vorgesehen ist.

Im Körper bist du immer im JETZT. Du bist weder in der Vergangenheit noch in der Zukunft verhaftet. Du kannst deine Ängste und deine Widerstände bezüglich deiner Vision spüren und sie weich werden lassen. Bleibe präsent, bleibe im Körper – sei weich und weit.

Wir streben immer nach höheren Frequenzen, gleich, was wir scheinbar im Außen wollen. Je mehr wir uns mit diesen hohen Energien verbinden, sie in uns pulsieren lassen und sie körperlich fühlen, desto mehr übernimmt unser Hohes Selbst die Führung, und wir werden automatisch zu unserer Erfüllung geführt. Dies ist der Weg der Selbstmeisterung!

# ÜBUNG:
## Der elfte Schöpfungskreis – Schwingungserhöhung

Lege den elften Kreis an den nächsten der sechs inneren Kreise an. Stelle dich in ihn hinein, und richte dich auf deine hohe Energie aus, indem du dich mit deiner Vision verbindest.

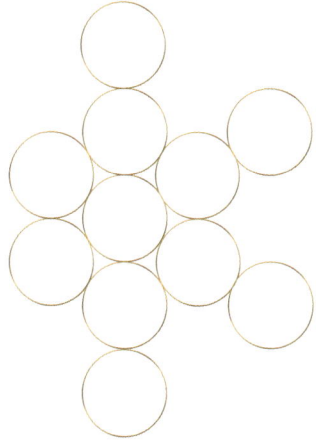

Stelle dir vor, dass sie sich vollkommen erfüllt. Spüre, wie sich deine Schwingung dadurch erhöht. Nimm die frei schwingende Energie in dir wahr, und genieße sie bewusst. Lasse dich immer stärker auf die hohe Frequenz deiner erfüllten Vision ein. Lasse dich von dieser zauberhaften, feinen und gleichzeitig sehr kraftvollen Energie regelrecht durchfluten.

Erlaube dir ganz bewusst, diese Energie in all deine Chakras hineinfließen zu lassen. Nimm wahr, dass deine Ängste und Widerstände von dieser Energie eingehüllt sind, sich in sie eingebettet wissen und sich wie von selbst darin auflösen. Nimm das prickelnde Lebensgefühl wahr, das dadurch in dir entsteht, und erfreue dich an deinem Zellleuchten. Vielleicht kannst du sehen oder spüren, wie die Energie von deinem physischen Körper in deinen feinstofflichen Körper hineinfließt.

Überlege, welche Gedanken dir dabei behilflich sein können, in einen höheren Energiefluss zu gelangen. Sei kreativ!

**Folgende Fragen können dich unterstützen:**
- Warum habe ich genau die Energie, die ich für ein kraftvolles Leben brauche?
- Warum habe ich all die Talente und Möglichkeiten, die ich zur Verwirklichung meines paradiesischen Zustandes benötige?
- Warum fällt es mir so leicht, mein Leben an meiner wahren Natur auszurichten?
- Warum habe ich Fülle verdient?

Finde deine eigenen, zu deiner Lebenssituation und Vision passenden kraftvollen Fragen. Lasse sie in dir wirken, und widme dich bewusst einige Zeit im Laufe des Tages ihrer Beantwortung. Es kann sein, dass die Antworten längere Zeit auf sich warten lassen. Kehre immer wieder zu deinen kraftvollen Fragen zurück, und zweifle nicht an dir. Du hast alles in dir, was du brauchst.

**Welche Powersätze können dich zusätzlich unterstützen?**
- Ich bin Fülle von Fülle.
- Ich bin bereit, meine Kraft zu leben.
- Ich bin von Fülle erfüllt.
- Ich bin geliebt und gewollt.
- Ich bin für mich die bestmögliche Unterstützung.
- Mein Leben wird durch meine Gedanken erschaffen.
- Alles gelingt mir leicht.
- Tiefes Vertrauen trägt mich.

Sei kreativ, und kreiere deine eigenen Powersätze! Sprich diese Sätze morgens und abends laut – allein oder mit anderen.

Hinweis: Bereits Kindern tun solche Powersätze übrigens gut. Nutze daher die Gelegenheit, sie mit deinen Kindern oder Enkelkindern regelmäßig zu sprechen.

# 12. Rauhnacht –
# 12. Schöpfungskreis

## 4.1. / 5.1.
### Sei Liebe!

# Im Dienst der Liebe

In der zwölften Rauhnacht geht es darum, sich ganz in den Dienst der Liebe zu stellen, ohne sich dabei selbst in den Vordergrund zu drängen. Die Liebe auf ihrer höchsten Ebene zu entwickeln, ist die wichtigste Aufgabe in unserem Leben und der Auftrag aller Wesen auf Erden.

Die 12 ist die Zahl der Expansion und des Wachstums und symbolisiert das Gleichgewicht von Geben und Nehmen. Sie steht dafür, bei allem, was wir tun, die eigenen Werte hochzuhalten und gleichzeitig mitfühlend zu sein. Die tätige Liebe in Demut lehrt uns, zwischen passivem Opferdasein und liebevoller Hingabe zu unterscheiden.

Lerne, mit dem Herzen zu denken. Die Zahl 12 steht für karmische Aufgaben. Sie hilft dir, dich selbst in Liebe zu erkennen.

## Was ist wahre Liebe?

**Zu lieben bedeutet nicht:**
- jemanden zu haben, der uns so guttut, dass wir vermeintlich Liebe für diesen Menschen empfinden.

**Zu lieben bedeutet:**
- wahres Interesse für jemanden zu zeigen.
- wahrhaft zu erkennen, was der andere braucht (Oft geben wir etwas, was gar nicht gebraucht wird).
- sich zu entscheiden, einem anderen Menschen das zu geben, was er braucht.

**Wie erreichen wir dies?**
Wir müssen den anderen lieben wollen. Der Wille beginnt mit dem Interesse am anderen. Die Liebe gibt, was gebraucht wird. Dies ist die Liebe, die wir jedem Menschen schenken können, so, wie Christus sie uns schenkt.

Wenn wir in Liebe erkennen, was der andere benötigt, sind wir im Interesse beim anderen. Wenn wir dann noch die Willenskraft aufbringen, wahrhaft ins Tun zu kommen, weil es unser innerstes Verlangen ist, das nur dafür gedacht ist, dem anderen bedingungslos zu dienen, dann sind wir in Liebe tätig. Hier sind wir IN der Liebe. Wir handeln nicht mechanisch. Wir sind uns unserer selbst äußerst bewusst. Wir erkennen an: »ICH bin bereit, der LIEBE zu dienen.«

Wenn wir wirklich lieben wollen, müssen wir also fragen: »Lieber Mensch, was brauchst du?«

### Wir schreiben Schöpfung im Sinne der Schöpfung. Die Erde ist der Kosmos der Liebe. Es ist unser Auftrag, die Liebe IN uns zu entwickeln.

Die LIEBE bewirkt etwas. Sie ist die größte Schöpferkraft. Mache dir bewusst: Wahre Schöpfung kann nur aus LIEBE heraus entstehen. Liebe ist die Schöpferkraft der Welt, die Kraft, die gestaltend wirkt. Auf festem Grund können wir also nur aus der Liebe schöpfen. Dazu brauchen wir die Kraft des ICH. Wir brauchen ein voll entwickeltes ICH-Bewusstsein, in dem wir uns unserer selbst bewusst sind, um Liebe zu schenken. Dies ist völlige Freiheit.

### Liebe soll eine freiwillige Gabe sein. Wir brauchen die Freiheit, um lieben zu können. Die Liebe beginnt in der Freiheit.

Wir müssen lernen, die Liebe in uns auszubilden, und sie dann nach außen geben. **Unser Glück ist abhängig vom Glück des anderen.** Was trägst DU dazu bei?

# ÜBUNG:
## Der zwölfte Schöpfungskreis – unerschöpfliche Liebe

Lege den zwölften Kreis an den vorletzten der sechs inneren Kreise an. Betritt ihn in dem Bewusstsein, dass DU LIEBE bist – aus LIEBE geschöpft.

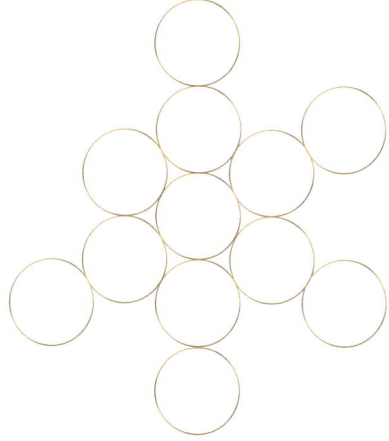

Du musst nicht lernen, dich selbst zu lieben. Spüre die Entspannung, die diese Tatsache in dir erzeugt. In diesem Kreis brauchst du »nur« in der LIEBE zu stehen. LIEBE liebt sich nicht selbst. Sie liebt ALLES. LIEBE kann nicht anders, als zu LIEBEN.

Mache dir bewusst: Ein Mensch, der bedingungslos liebt, ist nicht auf das Ergebnis fixiert. Die LIEBE gibt sich einfach hin, sie ist sanft und still. In diesem stillen Fluss der LIEBE, in dem du dich befindest, findet ALLES Frieden und Heilung. Hier bist DU in deiner höchsten Schwingung. Hier bist du mit der unerschöpflichen, allumfassenden Schöpferkraft verbunden. Spüre, was diese Worte in dir bewegen.

Wisse: In der Liebe ist ein klares NEIN erlaubt. DU darfst NEIN sagen und bleibst dennoch immer in der Liebe. Lasse dich von der Kraft des Segens dabei unterstützen. Erlaube dir, jetzt all die Menschen oder Situationen, die du ablehnst oder für die du gerade keine Zeit und keinen Raum hast, zu segnen, und dann gehe gedanklich weiter in deinem ausgerichteten Liebesfeld.

Um dich selbst bei all deinem Tun in aller Klarheit zu unterstützen, fokussiere dich auf deine Werte. Schreibe auf, welche Werte du kennst. Forsche, welche es darüber hinaus gibt. Und dann erstelle eine Reihenfolge. Stelle die drei wichtigsten Werte heraus. Gib dir selbst das Versprechen, in Zukunft gemäß diesen Werten zu denken, zu sprechen und zu handeln. Erlaube dir von Zeit zu Zeit, zu überprüfen, ob deine Werte noch mit deiner Lebenssituation übereinstimmen, und wähle bei Bedarf neue.

*Wird die LIEBE IN der SEELE geboren,*
*wird die LIEBE des GÖTTLICHEN sichtbar.*

# 13. Rauhnacht –
# 13. Schöpfungskreis

## 5.1. / 6.1.

### Schwinge im unendlichen Schöpfungsraum!

# Über alle Grenzen hinweg

In der 13. Rauhnacht legen wir den letzten Kreis und vollenden damit unsere Schöpfungsreise durch die Blume des Lebens. Obwohl das Symbol der Frucht des Lebens, das wir in dieser Nacht vervollkommnen, nur wenig an uns bekannte Früchte erinnert, ist es ein wichtiges Schöpfungsergebnis der Blume des Lebens, so, wie es auch die Früchte einer jeden Pflanze sind.

Die äußeren Kreise der Frucht des Lebens ragen über die äußeren Begrenzungen der Blume des Lebens hinaus. Dies zeigt an, dass sich etwas dahinter verbirgt, das weiterschwingt. Die Frucht des Lebens hält uns dazu an, über die Begrenzungen hinaus- und in die unendliche Blume des Lebens hineinzugehen – das Geheimnis dahinter zu erkennen.

Die äußersten Kreise der Blume des Lebens sollen angeblich das bedeutende heilige Wissen geheim halten und bewahren, das sich hinter der Frucht des Lebens verbirgt. Heutzutage ist das Wissen uns allen potenziell zugänglich. Mit ihm sind wir in der Lage, uns wieder tiefer mit unserer Uressenz zu verbinden.

# Was ist das Geheimnis der Frucht des Lebens?

Die Frucht des Lebens beinhaltet 13 Kreise. Nur mit der 13 können wir die 12 überwinden. Die 1 und die 2, die in der 12 nebeneinander stehen, zeigen uns das Hin und Her zwischen den Polaritäten auf. Die 12 symbolisiert den beinahe unlösbaren Konflikt zwischen spiritueller Entwicklung und materieller Notwendigkeit, zwischen der Suche nach Geborgenheit und dem inneren Drang nach Freiheit. Die Spannung, die zwischen der 1 und der 2 herrscht und als solche auch in uns zu finden ist, ist uns in der Regel nicht bewusst.

Uralte Systeme, in die auch die Blume des Lebens lebendig integriert war, wussten genau um diese »Gefahr«, sich in den Polaritäten zu verstricken. Sie wussten, dass die Lösung sich nach einer Zeit der Innenschau und Prüfungen ganz natürlich offenbarte. Diese Lösung lag in der Tiefe, in der die Erfahrungen der Polarität überwunden wurden, im Einweihungsweg, von dem die 13 und somit auch die Frucht des Lebens in ihrer tiefsten Symbolik sprechen. Durch diesen Konflikt wachsen wir in der Tiefe. Doch kein anderer kann uns erlösen. Wir wandeln uns nur durch die Erkenntnis in unserem eigenen Inneren, und dies kann ein schmerzhafter Prozess sein. Im Spannungsfeld unterschiedlicher Pole Frieden zu finden, zu einer übergeordneten Wahrheit, die alles beinhaltet, ist wahrscheinlich einer der schwierigsten Schritte und führt doch schließlich zur größtmöglichen Erfüllung, die wir hier auf Erden erfahren können.

Dies alles versinnbildlicht die Frucht des Lebens. Hier wird das eine vom anderen nicht mehr unterschieden, nichts ausgeschlossen, und so gelangt unser Leben auf eine höhere Ebene, auf der wir tiefe Glückseligkeit in uns selbst erfahren. Hier sind wir nicht mehr an etwas gebunden, wir haben uns überwunden, sind eingetaucht in das göttliche Feld des ewigen Wachstums und Reifens.

Mit dem 13. Kreis sind wir aufgefordert, in die Kraft der Schöpfung selbst wieder einzutauchen. Er verleiht uns die Gabe des Gebärens. In vielen alten Kulturen bildeten Priesterinnen einen heiligen Kreis aus 13 Frauen, wobei die 13. das höchste Amt und die Weisung und Führung innehatte. Damals wurde die Gebärmutter, der Gebärraum, als etwas Heiliges verehrt. Eine Frau menstruiert 13 Mal im Jahr. Die Ovulation findet am 13. Tag des Zyklus statt. So entsteht Leben innerhalb des 13. Portals. In ihm ist die heilige Kraft gebündelt. Es ist an uns, dieses heilige Portal zu durchschreiten.

Die Zahl 13 ist ein Schlüssel zu anderen Welten und Dimensionen sowie zur Einheit. Sie fordert uns auf, die Bereitschaft zu entwickeln, etwas IN uns »sterben« zu lassen, um auf eine höhere Ebene der Lebensspirale zu gelangen. Dann beginnt die Höhere Harmonie, zu wirken. Den Tod zu akzeptieren und anzunehmen, ist dafür unabdingbar. Diese Herausforderung ist umso größer, je tiefer ein Mensch in der Materie verhaftet ist.

Es gilt, Entscheidungen zu treffen, auch wenn sie mit unangenehmen Konsequenzen verbunden sind. Dies kann Angst, Zweifel, Unruhe und Schmerz in uns hervorrufen. Deshalb heißt es auch: »Tausend Tode sterben.« Doch wer schon einmal voller Mut und Willenskraft eine schwierige Entscheidung getroffen hat und anschließend zielgerichtet den gewählten Weg in Dankbarkeit, Anerkennung und Liebe für das Gewesene weitergegangen ist, in Vorfreude auf das Werdende, hat die Kraft der Ausdehnung in eine nächsthöhere Dimension schon IN sich spüren können. Dies ist die größte Befreiung – für uns persönlich sowie für unser Umfeld – und eine wahrhaft magische Erfahrung.

In der 13. Rauhnacht sollten wir zielstrebig handeln und die unglaubliche Energie des 13. Portals nutzen, um Pionierarbeit für uns und alle Wesen zu leisten. In dieser Nacht stellen wir uns freiwillig dem lebendigen Prozess vom Sterben und Werden, um im Schwingungsfeld der Blume des Lebens neu geboren zu werden. Wenn wir dies wahrhaft tun, stellen sich die gewünschten Veränderungen wie von Zauberhand ein. Neue Kreise ergeben sich. Unser Bewusstsein kann sich unendlich ausdehnen und schwingt sich in die nächsthöhere Dimension ein. Unser Handeln erleichtert es anderen, uns zu folgen – jede und jeder auf ihre oder seine beste Art und Weise.

# ÜBUNG:
## Der dreizehnte Schöpfungskreis –
## die Früchte der Manifestation ernten

Lege jetzt den 13. Kreis dazu, und betrachte die vollendete Frucht des Lebens, DEIN vollkommenes Schöpfungsmuster.

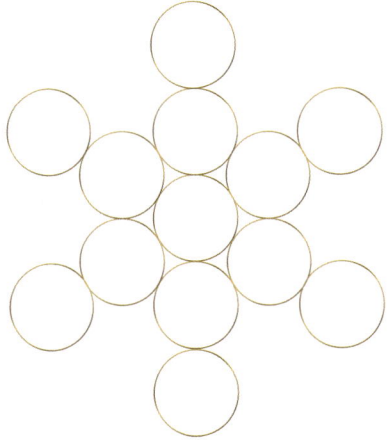

Genieße die Vollendung in dem Wissen, dass das Schöpfen nie endet. Spüre, wie dich diese Erkenntnis innerlich öffnet und weit macht, wie prickelnde Lebenskraft von Kopf bis Fuß IN dir pulsiert.

Betrachte die Frucht des Lebens – deine 13 Schöpfungskreise – noch einige Atemzüge lang. Genieße die Vorfreude, DEIN Schöpfungszentrum zu betreten. Dies ist ein bedeutender Augenblick. Wir lassen uns oft keine Zeit, die Vollendung eines Kreises wahrhaft wahrzunehmen, geschweige denn, sie auszukosten. Sei bereit, deine gemeisterten Schritte tief zu erkennen – und anzuerkennen.

Wenn du so weit bist, betritt DEINE Mitte, das Zentrum der Frucht des Lebens. Erspüre diesen Raum mit deinem ganzen Körper. Erlaube dir, die Vollendung wahrzunehmen und wahrhaft zu genießen. Wie fühlst du dich jetzt? Oft stimmt unsere Erwartung bezüglich der Vollendung eines Projektes, des Eintretens eines Ereignisses oder der Erfüllung einer Vision nicht mit dem realen Empfinden überein. Fühle Weite, Ruhe, Verbundenheit, Größe …, und komme immer tiefer IN deinem Zentrum an.

Wenn es noch etwas gibt, was dich nicht in die Entspannung, in den Frieden kommen lässt, übergib dies deinem geistigen Team, den Lichtwesen, den Engeln. Bitte sie, es für dich zu tragen. Spüre, wie es jetzt immer leichter, freier und friedvoller in dir wird. Spüre dies in deinem gesamten Körper. Nimm die Erde unter deinen Füßen wahr, und fühle gleichzeitig die Unbegrenztheit in dir. Eine Ausdehnung IN den Kosmos, IN die Schöpfung selbst hinein.

Gehe jetzt noch tiefer. Wähle dafür einen Platz, an dem du bequem stehen oder sitzen kannst. Das kann ein Platz in deinem Schöpfungskreis oder außerhalb davon sein.

Schließe deine Augen. Atme ganz bewusst Licht ein und alles, was nicht zu dir gehört, aus. Tue dies mit so viel Achtung und Wertschätzung für dich selbst, wie du aufbringen kannst. Du spürst nun, wie du dich energetisch ausdehnst. Dein Lichtkörper entfaltet sich. Du bist eingebettet in den ALLliebenden Raum und eingehüllt in strahlend weißes, kristallines Licht, das alle Informationen des Universums enthält. Mit jedem Atemstoß gelangst du tiefer in die Entspannung und in einen wahrhaft empfangenden Zustand. Du spürst, wie all dein Wollen, all deine Bedürfnisse von dir abfallen und in wunderschönen Farben und Formen spiralförmig gen Himmel ins Licht gehoben werden. Du spürst eine nie dagewesene Offenheit in dir und nimmst dich als das zärtliche, empfangende Wesen wahr, das du bist.

Alle Schutzschichten sind jetzt aufgelöst und alle Mauern eingerissen. Du fühlst dich dennoch sicher. Vielleicht spürst du sogar zum ersten Mal: »ICH BIN vollkommen in Sicherheit und gleichzeitig so weit geöffnet, dass ich bereit bin, jetzt alle Schöpfungsimpulse auf noch tieferer Ebene zu empfangen. ICH BIN verbunden mit der Zeitlinie der Kraft, des Wissens, der Heilung, des Lichts und des freien Schöpfens.« All diese Linien sind in dir gespeichert und bereit, JETZT schöpferisch mit dir zu wirken.

Nimm wahr, wie lichtvolle Wesenheiten zu dir sprechen: »Wir, die kristallinen Schöpfungswesen, werden jetzt das Licht der Einheit in dir entzünden, das dich schon immer begleitet und beschützt. Es wird in all seiner Strahlkraft in dir wieder vollumfänglich aktiviert.«

Spüre einige Atemzüge lang deine Bereitschaft, wieder vollkommen in die tätige Lichtkraft einzutauchen und die Liebe der höchsten Präsenz in Gedanken, Worten und Taten zu spiegeln. Du musst nichts tun. Du bist die Verkörperung des Lichts und der Liebe in all ihrer Strahlkraft. Deine Seele leuchtet immer stärker, dein feinstofflicher Körper wird immer strahlender und reiner und ist tief verbunden mit dem Licht der Einheit. Dieses Licht ist ewig und stetig werdend. Immer, wenn du hierher zurückkehrst, wirst du daran erinnert, wer DU wirklich bist. **Licht von Licht. Liebe von Liebe. Schöpfung von Schöpfung.**

Du ziehst alles an, was dem Licht, der Liebe und der göttlichen Schöpferkraft entspricht. Sauge genussvoll und voller Freude dieses Gefühl, das Wissen um diesen Schöpfungsvorgang in dich auf. Spüre dabei, wie es dich spiralförmig nach oben zieht, du vom Boden abhebst. Ganz einfach, ganz leicht, ganz selbstverständlich, ganz organisch. Es ist alles getan. Alles kann sich entfalten.

Genieße noch einige Zeit dieses Gefühl, und lasse all deine Zellen davon durchleuchten. Wenn du merkst, dass es genug ist, komme wieder ganz zu dir, und öffne deine Augen.

*Es ist ALLES getan.*
*Alles kann sich ENTFALTEN.*

# NACHWORT

Du wundervoller Schöpfer, geliebte Schöpferin. Danke von Herzen für deinen einzigartigen Ausdruck hier auf der Erde und deine Bereitschaft, dich für deine ganz persönliche Schöpfung zu öffnen und diese immer weiter nach außen zu tragen. Wir alle sind in eine Vielfalt aus Farben, Formen und Energien eingebettet, die uns noch nicht wirklich in ihrer Gänze bewusst ist. Es ist an der Zeit, die IN uns liegenden Schätze zu heben, um diese Erde zu einem leuchtenden, strahlenden und liebenden Planeten zu machen, der seinen Glanz weit in das gesamte Universum hineinstrahlt. Danke für deine Bereitschaft, hierbei mitzuwirken.

Ich bin zutiefst dankbar für diese Reise, die wir gemeinsam in den Rauhnächten erleben durften. Mir selbst ist beim Schreiben tief bewusst geworden, wie wichtig es ist, die eigenen Schöpfungskreise ordentlich aufzubauen. Dies bedeutet auch, immer wieder einmal intensiv das Gewebe unseres Lebens zu betrachten und zu prüfen, ob sich darin »Altes«, uns nicht mehr Dienliches befindet, das sich nach Heilung und Freiheit sehnt. Natürlich war mir dies durch meine Arbeit schon lange bewusst, und doch empfand ich es als großes Geschenk, tief in die Blume des Lebens einzutauchen und ihre Energie zu durchdringen.

Die Blume des Lebens ist eines der wichtigsten Elemente der Heiligen Geometrie und mit der feinstofflichen Grundlage der Schöpfung und der höheren Ordnung verbunden. Ich durfte beim Schreiben immer wieder die Unendlichkeit des Seins erfahren. Sie ist der Schlüssel, um gemeinsam für uns und alle Wesen hier auf unserem wunderschönen Planeten eine große Vision der Heilung, des Friedens und der Liebe zu kreieren.

Da wir nicht nur in den Raunächten schöpfen, fühle dich frei, dich auch zu jedem anderen Zeitpunkt im Jahr auf diese Reise zu dir selbst und zur

Erfüllung deiner Vision zu begeben. Ich nenne solche Zeiten »Zwischen-raumzeiten«. Darunter verstehe ich Phasen in unserem Leben, in denen etwas zu Ende geht und sich das Neue noch nicht sicht- und spürbar in unserem Leben entfaltet hat.

Ich lade dich ein, den bewussten Schöpfungsprozess mit der Blume des Lebens auch außerhalb der Rauhnächte zu nutzen, um dein Leben auf eine neue Ebene zu heben. Bewusstes Schöpfen ergibt auch dann Sinn, wenn du spürst, dass sich eine Veränderung in dir anbahnt, oder wenn du dich nach mehr Klarheit in deinem Leben sehnst.

Suche immer wieder den stillen Raum IN dir auf.

**In der Stille erfahren wir eine Liebe,
die größer ist als es eine einzelne Liebe je sein könnte.
Der Himmel ist weit offen,
und die Liebe des Universums ergießt sich in uns.
Hier fühlen wir uns geborgen,
und hier können wir eine Verbundenheit erfahren,
wie sie unsere Seele seit Anbeginn kennt.
Mögen wir alle bereit sein,
diese LIEBE jetzt auf die Erde zu bringen.**

Ich danke dir, du wundervoller Schöpfer, wundervolle Schöpferin.


In Liebe

*Marion Odile*

# DANK

Mein tiefer Dank gilt meinem geistigen Team, das mich nicht nur durch dieses Erdenleben begleitet. Von Anfang an fühlte ich mich von den Flügeln des Himmels umhüllt und mit den Wesen der Erde verbunden. All meine Erfahrungen, vor allem die des Verlusts, haben mich immer weiter heranreifen lassen zu jenem Menschen, der ich heute bin.

Ich danke Heidi und Markus Schirner. Ohne euch wäre dieses Buch nie entstanden. Von Herzen Danke an meine Lektorin Kerstin Noack-Zakel für deine Einfühlsamkeit und Klarheit. Ich bin sehr dankbar, dass du an meiner Seite bist.

Tiefsten Dank empfinde ich meiner Huna-Lehrerin und Freundin Jeanne Ruland gegenüber, die mich von der geistigen Ebene aus begleitet. Du hast mich mit allem, was in mir ist, gesehen und mir Mut gemacht, mich zu zeigen. Ich verneige mich vor deinem Wirken und deinem Wissen, das du in die Welt getragen hast und aus höheren Sphären weiterhin trägst.

Danken möchte ich auch all den lieben Seelen, die mit mir gemeinsam wachsen und das Feld der Gemeinschaft in liebevoller Verbundenheit halten. Unser Kreis ist offen, jedoch ungebrochen.

Tiefen Dank an alle, die ich begleiten darf, für eure Offenheit und für euer Vertrauen. Ich wachse mit jedem von euch mit.

Tiefste Dankbarkeit ist in mir für meinen Mann Uli, für deine Liebe, deinen Schutz und deine Begleitung im Irdischen und über Zeit und Raum hinweg. Danke für das wertvollste Geschenk in meinem Leben – unsere drei Kinder, die alle eine wundervolle individuelle Essenz in sich tragen, die ich unendlich liebe.

*Danke für euer Sein!*

# ÜBER DIE AUTORIN

Marion Odile Grübel fühlt schon seit ihrer Kindheit eine tiefe Verbundenheit mit den Mysterien des Lebens. Sie hat verschiedene Ausbildungen im Bereich »Spiritualität« und »Persönlichkeitsentwicklung« absolviert, darunter »Huna«, »The Work« nach Byron Katie, »Transformationstherapie« nach Robert Betz und »Medialität«. Seit 14 Jahren begleitet sie Menschen auf deren Weg durch Lebenskrisen, bei der Trauerarbeit und im Bereich der Partnerschaft. Sie bietet Ausbildungen, Seminare und Workshops zu verschiedensten spirituellen Themen sowie Segenszeremonien an.

www.marion-gruebel.de

# Himmlisch schöne
# RAUHNÄCHTE!

176 Seiten
ISBN 978-3-8434-1515-6

Corinna Hanika & Dennis Möck
**Pflanzenzauber & Rauhnachtmagie**
Der Zeit des Wandels bewusst und entspannt begegnen

Die feinen Schwingungen der ätherischen Öle erhöhen die Energien der Rauhnächte und berühren dich auf allen Ebenen deines Seins. Mit dem Zauber von Weihrauch, Salbei oder Onycha richtest du in den Dunkelnächten deinen Blick zurück auf das alte Jahr und bringst in den Rauhnächten den frischen Wind der Veränderung in das neue Jahr.

160 Seiten
ISBN 978-3-8434-1480-7

Melanie Missing
**Durch die Rauhnächte mit den Engeln**
Rituale, Botschaften und Meditationen für die 12 heiligen Nächte

Mache die Rauhnächte zu deiner persönlichen Zeit der Wunder und des Segens. Ob der Engel der Stille für den Januar, der Engel der Fülle für den Mai oder der Engel des Friedens für den November – dank zauberhafter Rituale, Meditationen und Tipps zum Kommunizieren und Wirken mit den Engeln kannst du diese Zeit ganz bewusst gestalten.

# Mit Jeanne Ruland durch die RAUHNÄCHTE

112 Seiten
ISBN 978-3-89767-865-1

Jeanne Ruland
Das Geheimnis der Rauhnächte
Ein Wegweiser durch die zwölf heiligen Nächte

Jeanne Rulands Klassiker enthält alles, was wir zu den Rauhnächten wissen müssen: Informatives zur Natur- und Sternenkunde und zum historischen Brauchtum sowie praktische Tipps und Übungen, mit denen wir jede einzelne Rauhnacht besinnlich, zauberhaft und nachhaltig gestalten können. Das handliche Einsteigerwerk ist bis heute der Toröffner in die mystische Zeit – ein Muss für Rauhnachtanfänger und ein wertvoller Schatz für Rauhnachtkenner!

Set mit Anleitung
und 50 Karten
ISBN 978-3-8434-9104-4

Jeanne Ruland
Mein Rauhnacht-Orakel
Visionskarten für die 12 Heiligen Nächte

Die Rauhnächte sind genau die richtige Zeit zum Weissagen und Orakeln: Mit diesem mystischen Rauhnacht-Orakel richten wir uns neu aus und finden intuitiv die richtigen Impulse. Wir achten auf Träume, räuchern oder pflanzen die Lichtsamen für das nächste Jahr. So folgen wir unserem neuen Weg und wissen jederzeit, was zu tun ist.

Schirner Verlag

160 Seiten
ISBN 978-3-8434-1396-1

Jeanne Ruland
Visionsbuch für die Rauhnächte
Wie wir unsere Jahresvision Wirklichkeit werden lassen

Die eigene Berufung finden und leben, das Familienglück perfekt machen oder einfach aktiv und vital durchs Leben gehen – die Rauhnächte sind der ideale Zeitpunkt, Wünsche und Visionen für das kommende Jahr zu säen. Jeanne Ruland begleitet uns in diesem Journal Schritt für Schritt durch die zwölf Orakelnächte und zeigt, wie wir unsere schöpferischen Kräfte dank Übungen, Impulsen, Ritualen und Meditationen sowie viel Platz für eigene Gedanken in die richtigen Bahnen lenken.

200 Seiten
ISBN 978-3-8434-1247-6

Jeanne Ruland
Mein Rauhnacht-Begleiter
Ein lichtvoller Begleiter durch die 12 heiligen Nächte

Die Rauhnächte sind eine sehr persönliche Zeit, in der wir in uns gehen, das alte Jahr verabschieden und uns für die Ereignisse des neuen Jahres öffnen. Mit diesem Rauhnacht-Begleiter kannst du diese schönste Zeit des Jahres ganz bewusst gestalten. Er bietet dir viel Platz für eigene Notizen, Gedanken, Visionen und Träume. So erhältst du Monat für Monat Gelegenheit, immer wieder zurückzuschauen und die Ereignisse der Rauhnächte mit denen des neuen Jahres abzugleichen.

# Bildnachweis